Todos los libros de Linkgua Ediciones cuentan con modelos de Inteligencia Artificial entrenados por hispanistas. Pregúntale al chat de tu libro lo que desees acerca de la obra o su autor/a.

Para ebooks: Accede a nuestro modelo de IA a través de este enlace.

Para libros impresos: Escanea el código QR de la portada con tu dispositivo móvil.

Obtén análisis detallados de nuestros libros, resúmenes, respuestas a tus preguntas y accede a nuestras ediciones críticas generativas para una experiencia de lectura más enriquecedora.
La transparencia y el respeto hacia la autoría de las fuentes utilizadas son distintivos básicos de nuestro proyecto. Por ello, las respuestas ofrecen, mediante un sistema de citas, las fuentes con las que han sido elaboradas.

Condesa de Merlin

Mis doce primeros años

Traducción, prólogo y notas de Agustín de Palma

Barcelona 2024
Linkgua-ediciones.com

Créditos

Título original: Mis doce primeros años.

© 2024, Red ediciones S.L.

e-mail: info@linkgua.com

Diseño de cubierta: Michel Mallard.

ISBN rústica ilustrada: 978-84-9953-580-7.
ISBN tapa dura: 978-84-1126-089-3.
ISBN rústica: 978-84-90079423.
ISBN ebook: 978-84-90076408.

Sumario

Brevísima presentación

La vida

María de las Mercedes de Santa Cruz y Montalvo, condesa de Merlin (1789-1852). Cuba.

Nació en una familia de la aristocracia habanera el 5 de febrero de 1789. Era hija de Joaquín de Santa Cruz y Cárdenas y María Teresa Montalvo y O'Farril, condes de Jaruco y Mompox. La condesa de Merlin ingresó en el Convento de Santa Clara en La Habana a los ocho años y harta de la vida religiosa intentó fugarse, ayudada por la madre Santa Inés, inspiradora de su libro, *Historia de Sor Inés* (1832).

Tras su intento de huida la familia se fue a Madrid. Allí murió su padre y, tras la invasión francesa, la familia se refugió en la casa del general Gonzalo O'Farril, quien mantenía muy buenas relaciones con José Bonaparte. En ese ambiente conoció a Goya, Quintana y Meléndez Valdés y al conde de Merlin, con quien se casó a los veinte años.

Con la derrota de los franceses el matrimonio marchó a París. Figuras políticas y artistas frecuentaron su salón; entre ellos, la princesa de Caraman, Lord Palmerson, el general Lafayette, el conde de Orsay, Victor Hugo, Honoré de Balzac, Alfred de Musset, Alphonse de Lamartine, Franz Liszt, Gioachino Rossini, George Sand, José de la Luz y Caballero, José Antonio Saco y Domingo del Monte.

La condesa de Merlin viajó por Alemania, Suiza, Inglaterra e Italia. Enviudó en 1839 y en 1840 regresó a Cuba, y escribió *Viaje a La Habana* (1844). Por entonces fue acusada de plagiar a Cirilo Villaverde, José Antonio Saco, y Ramón de Palma. Félix Tanco y Bosmeniel fue unos de sus princi-

9

pales detractores con su *Refutación al folleto intitulado Viage a La Habana*, publicado en 1844. En el bando opuesto, estuvieron Gertrudis Gómez de Avellaneda y Gabriel de la Concepción Valdés, quien le dedicó una oda sentimental a su partida de La Habana en 1840.

Tras *Mis primeros doce años*, publicó *Historia de Sor Inés* (1832), *Souvenirs et Mémoires* (1836), *Los pasatiempos de las mujeres del mundo* (1838), *Madame Malinbran, Los esclavos en las colonias españolas* (1841), *Viaje a La Habana* (1844), *Lola y María* y *Las leonas de París* (1845) y *Le Duc d'Athènes* (1852). La condesa de Merlín, murió el 31 de marzo de 1852, en el Castillo de Dissay, a las afueras de Poitiers, en Francia.

La obra

Mis doce primeros años relata la infancia de la condesa de Merlin, su reclusión en un convento habanero, sus intentos de fuga del mismo entre otras diversas peripecias adolescentes. Estas memorias son asimismo un libro de viaje a través del Atlántico, Cadiz, Sevilla, Aranjuez y Madrid. En esta última ciudad aparecen personajes de la talla de Goya o de los poetas Arriaza, Quintana, Maury, o Melendez.

Dedicatoria

A la señora doña Mariana Romay de la Luz,
Su amigo, Agustín de Palma

Advertencia del traductor

La circunstancia plausible de ser hija de La Habana la autora de este precioso escrito, es un motivo muy poderoso para que todas sus paisanas se consagren a leerle.

Mis doce primeros años son un relato sencillo de los recuerdos de la niñez de la condesa de Merlin.[1] Y aunque en esa época de la vida son de tan poca importancia los acaecimientos en que tenemos una parte activa, la autora les ha sabido comunicar tal grado de interés y encanto, que su lectura produce una impresión sumamente grata y lisonjera a todos los que se enorgullecen con su paisanaje.

La condesa de Merlin reside en París, hace muchos años, ostentando en aquella capital del mundo civilizado todos los tesoros de su entendimiento, todas las gracias de su persona y de su amable carácter. Rodeada de encantos, de monumentos grandiosos y de notabilidades de todos géneros, no ha olvidado a su querida patria, y volviendo una dulce mirada de júbilo al suelo venturoso que le diera el ser, le ha enriquecido con los recuerdos de su infancia ¿Qué habanera no sentirá en su corazón un placer indefinible al leer a *Mis doce primeros años*, escritos en París por una criolla, en un estilo suelto, elegante y afectuoso? Todas las cubanas deben apresurarse a adquirir esta preciosa obrita, que al propio tiempo de agradarles, servirá de estímulo para que algunas otras imiten a la ilustre condesa de Merlin.

Muchos elogios podrían hacerse de esta obrita; pero consideramos que su lectura le granjeará todos los que merece; no necesita de los nuestros. Sin embargo no podemos menos de decir, que su lenguaje está lleno de sentimiento y de colorido. El alma se dilata y tributa el debido homenaje de

---

1   Hemos respetado de la ortografía francesa del apellido de la autora. (N. del E.)

reconocimiento y admiración a la mano bienhechora, que trazando unas líneas tan exquisitas, le hace gozar momentos deliciosos.

Agustín de Palma

Mis doce primeros años

No es una novela lo que va a leerse; es un simple relato de los recuerdos de mi niñez, debido a la casualidad. Paseándome sola en el campo una tarde de verano, entregada a una dulce melancolía, me sentí poco a poco transportada a lo pasado; buscaba allí en el curso de mi vida, los momentos en que había creído vislumbrar la imagen de la felicidad, y mi país, mi infancia vinieron naturalmente a presentarse a mi pensamiento. Era esto como un dulce sueño; quise prolongarle. Al volver a casa torné la pluma, y tracé este ligero bosquejo de las primeras impresiones de mi vida.

Dedicándole a mis amigos creo hacerles casi una confianza; no les pido en cambio más que un poco de Simpatía. Muy lejos de mí la pretensión de ser autora.

Pienso porque siento, y escribo lo que pienso. He aquí todo mi arte.

I

Muchas veces has deseado, querida Leonor, que te haga una relación de mis primeros años. Su historia es sencilla, si la vida está en los acontecimientos; pero no carecerá de interés para aquellos seres, cuya existencia se encuentra dentro de sí mismos, más que en lo exterior; en quienes la reflexión se ha convertido en hábito, y que poseyendo el germen de una gran fuerza moral, se anticipan con frecuencia a la experiencia propia, y comprenden, por instinto, las pasiones y los sentimientos de otros. He nacido en La Habana; mi padre descendiente de una de las primeras familias de la ciudad, se halló al salir de la infancia dueño de un caudal inmenso. Se enamoró y casó a los quince años de edad con mi madre, que entraba apenas en los doce, hermosa como el día, y reuniendo todos los encantos naturales con que el cielo en su munificencia, puede dotar a una mortal. Su primera hija los colmó de alegría, y podría decir de sorpresa, especialmente a mi madre, que acababa de dejar las muñecas; así es que ningún pesar turbó su rostro, cuando se les anunció mi sexo; algo más tarde, las preocupaciones del mundo los hubieran hecho desear un hijo, y la experiencia de la vida los habría inquietado sobre la suerte de su hija. Pocos días después de mi nacimiento recibió mi padre una carta de un tío suyo establecido en Italia había largo tiempo, y que era el único pariente que le quedase por parte de padre. Le rogaba en ella con mucha instancia que fuese a verle lo más pronto, pues la extenuación de sus fuerzas le hacía presentir un fin cercano. Se resolvió la partida; mas ¿cómo se haría emprender un viaje tan largo, por mar, a una niña de tan tierna edad? Después de mucha perplejidad, lágrimas y sentimiento, se decidió, que yo quedaría confiada al cuidado de mi bisabuela materna; y que la ausencia de mis padres no pasaría de seis meses;

pero la suerte había dispuesto otra cosa. Ellos partieron, y la felicidad compañera de la infancia, me impidió calcular el tamaño de mi pérdida. Este primer suceso de mi vida tuvo una influencia grandísima en mi educación y en mi destino.

II

Fui entregada en los brazos de mi bisabuela. ¡Oh, cómo palpita mi corazón con solo nombrar aquel ángel de bondad! Jamás se ha presentado la vejez bajo un aspecto tan halagüeño, tan dulce; era como lo ideal de su edad. A una igualdad inalterable de carácter, reunía la indulgencia, y buen humor: después de haber colocado a once hijos y de haberles consolidado su caudal, se hallaba en posesión del amor y del respeto de todos los que la rodeaban. Me acuerdo de haber asistido en su casa a varias reuniones de familia en las que se contaban en línea recta, noventa y cinco personas: yo era el último anillo de la cadena.

El cariño que profesaba a Mamita, era superior a mi edad: en él encontraba el germen de todos los afectos de mi alma. El amor que le tenía era una especie de culto, y mi corazón apasionado daba pruebas, sin un conocimiento cierto, de un poder que más tarde podría llegar a ser funesto.

Mamita había sido de una rara belleza, y conservaba todavía la de su edad; su pelo blanco como la nieve, suspendido con gracia y atado en trenzas sobre la cabeza, dejaba enteramente descubierta una frente perfectamente delineada, y unos ojos azules de una dulzura angelical. Sus facciones finas y delicadas descubrían toda entera su alma por una expresión indecible de calma y benevolencia habitual; así como la blancura apenas coloreada de su tez, parecida a una gasa, cubría ligeramente unas delgadas venas azules, que le daban, aun en su edad, casi el atractivo de la juventud. Era de mediana estatura, no gruesa, y sumamente aseada; siempre vestida de blanco y tan prolija en su tocador, que llegaba la noche sin notarse la más mínima alteración ni en su peinado, ni en los pliegues de su vestido. Me miraba con una ternura tan viva, que sus hijos con frecuencia, y solamente por chanza, le daban algunas quejas sobre esto. «¡Qué quieren ustedes, les decía ella con agrado; el último grado de mi existencia le toco en ella, dejádmele gozar!» Y ellos en encarecerle su ternura, y yo en aprovecharme de ella. He aquí cómo se han pasado los primeros años de mi vida. Rodeada siempre de amor y de los cuidados más tiernos, la ausencia de mis padres era para todos los que se hallaban a mi lado, un nuevo motivo de interesarse por mí; toda la familia tenía derecho de consentirme, y nadie tenía el de tratarme con severidad. Ha resultado de esto, que habiendo nacido sensible y confiada, y no habiendo recibido en mi niñez, más que impresiones análogas a estas inclinaciones, me había imaginado que el mundo estaba poblado de amigos, y que solo habíamos nacido para amarnos y hacernos mutuamente felices. La experiencia ha rectificado después lo que había de exageración en estas ideas; pero siempre he conservado una cierta disposición para ir llena de confianza al encuentro de los corazones, que me parecían bien dispuestos hacia mí; creía hallar en ellos amigos de infancia, y cuando me he equivocado, lejos de resfriarse mi alma y replegarse en sí misma, le ha dado más entrada a los sentimientos de inclinación. En el día, el conocimiento del mundo me ha demostrado los inconvenientes anexos a este carácter, y he deducido una triste verdad; esta es, que el exceso de benevolencia en una mujer, es una de las disposiciones que hay más que temer para su felicidad.

III

Creo que a un mismo tiempo aprendí a leer y a hablar, a lo menos no lo conservo en la memoria; pero mi primera instrucción fue muy descuidada, por el temor de contrariarme, y como el gusto al trabajo solo es el resultado de la razón o de la costumbre, me agradaba mucho más evitar una sujeción cuya utilidad desconocía, y prefería los juegos y las travesuras. De estas no se escapaban ni mis preceptores, ni los compañeros de mi niñez; y me acuerdo de haber hecho volar por los aires el gorro de un viejo maestro que me enseñaba a escribir; que no pudiendo conseguir el que yo formase los renglones, se le ocurrió enseñarme a ayudar a misa. Mis juegos se resentían de aquel espíritu de libertad, o más bien, de dominación en que había sido criada. Siempre hacía yo por derecho, el primer papel, y no le cedía sino a aquellos a quienes amaba más. Nadie podía valerse de autoridad para traerme a la razón. Si cometía una falta no se empleaba conmigo otro medio que el de la persuasión, haciendo que obrasen los sentimientos del corazón, y creo que a estos nunca me he resistido.

¿Qué ha resultado de aquí? que mi sensibilidad puesta en acción desde temprano, tuvo un desarrollo precoz, y tomó un grado de exaltación, que ha conservado siempre.

Tenía yo una tía, hermana de mi abuela, apenas de veinticinco años de edad, que vivía con Mamita. La quería tiernamente; ella fue la que me dio las primeras lecciones de gramática francesa, y a ella debo mi primera instrucción religiosa. Ella en fin, me había llevado insensiblemente con su dulzura y jovialidad a mirar la ocupación como un placer.

IV

En esa época (tenía yo cerca de ocho años y medio) regresó mi padre de Europa. Se le había nombrado inspector general de las tropas de la isla de Cuba; y aunque este cargo debiese fijar su residencia en La Habana, el gusto decidido de mi madre por la Europa, hizo que mi padre pidiese al rey permiso para limitar su inspección a frecuentes viajes. Mi madre se quedó en Madrid con mi hermana y mi hermano, nacidos en España.

El regocijo que tuve en conocer a mi padre, fue turbado por el pesar de dejar a Mamita, y no se me pudo separar de ella, sino prometiéndoseme el verla todos los días. Me establecí en casa de mi padre, no como una niña, sino lo mismo que lo hubiera sido mi madre. Todo estaba sometido a mis caprichos, todo cedía a mi voluntad. Tenía un carruaje a mis órdenes y era dueña de salir cuando quisiese, acompañada solamente por una esclava que me había criado. Mi padre me amaba con una ternura extremada, y parecía querer indemnizarme de su pasada indiferencia, dispensándome con profusión todos los gustos que mi edad me permitía gozar... Joven, vivo, alegre hasta tocar en aturdido, y sin entender nada de la dirección de una joven, no tenía otro objeto en mi educación más que el de mi dicha presente. Bueno y generoso con exceso, no podía ver ningún desdichado junto a sí. Era espléndido en todo, así en las funciones como en las limosnas, pero sin ostentación, y solamente a causa del poco aprecio que hacía del dinero: jamás apelé en vano a la generosidad de su corazón. Propietario de unas fincas valiosas poseía un crecido número de esclavos. A estos desgraciados se les daba el mejor trato posible; pero el esclavo nunca sirve de buena fe; envilecido con el hecho solo de la esclavitud arrastra su cadena tristemente, y mide con la vista la distancia que le separa del horizonte, en donde divisa su libertad. Los sentimientos generosos no brotan en su alma, porque mira los beneficios que emanan de ellos como nulos para él. De aquí se sigue un embrutecimiento, una indiferencia por todo lo que le rodea, que le hace insensible, no solamente a las amonestaciones, sino también a los castigos corporales. Estos desventurados no tienen más que una idea fija; esta es la de volver a su país; y a menudo se les encuentra ahorcados en sus bohíos, porque están persuadidos de que ese mundo mejor que nos está prometido fuera de este, debe ser para ellos la patria habitada por sus familias.

Era preciso, pues, a veces ahogar el grito de la humanidad, y someter los esclavos a unos castigos que me hubieran hecho muy odiosa la estación del campo, si yo no hubiese hallado una compensación a esta impresión penosa en el poco bien que el cariño de mi padre me permitía derramar sobre aquellos desgraciados. Me acuerdo muy bien del horror que me inspiraba la esclavitud, y, cosa que parecerá increíble, como conocía yo a los ocho años, que no era natural la distancia inmensa que separa al amo de su esclavo; y que esta clase de dominio era violento, forzado y monstruoso. Estos sentimientos se desarrollaban con tanta más facilidad, cuanto a que por una consecuencia de mi educación, siempre había mirado a la opresión como a la mayor de las desgracias. Este cuadro de la esclavitud presente siempre a mis ojos, en mis primeros años, lejos de perjudicar a mi carácter, no ha desarrollado en mi corazón más que sentimientos elevados; tan cierto es que el exceso del mal puede ser origen del bien. La vista de aquellos seres infortunados, cuya existencia toda no era más que una cadena de actos de dependencia, ha producido en mí por todo el resto de mi vida, una oposición invencible a forzar la voluntad de nadie, ni aun en las cosas de poca importancia. Constantemente he pensado después que el libre uso de la voluntad era el primero de los bienes, y que la opresión los emponzoñaba todos. Tal vez se dirá que yo soy tan celosa de la independencia de los demás, como de la mía propia. Además nunca he podido persuadirme que un ser puesto bajo de mi dominio me tuviese apego: esta idea me hizo padecer mucho en mi primera juventud. Dotada de una alma amorosa, me valía de todos los medios posibles para lograr el afecto de las personas que me rodeaban, aspiraba a ser amada, y tenía la convicción íntima de no poderlo ser. Me hallaba siempre mal con mis criados, porque pensaba que su posición era falsa respecto de mí. Posteriormente, ideas más exactas me hicieron adoptar un plan que calmó esta disposición. Hacerles beneficios sin contar con su reconocimiento; no exigirles muchos servicios pequeños, como otros amos, y que hacen tan dura su existencia, y perdonarles sus faltas, cuando estas no fuesen demasiado graves, como la consecuencia de su condición, tal es el plan de conducta que me tracé.

V

Un día me despertaron los gritos de un negro a quien se castigaba: eran las cinco de la mañana; salto precipitadamente de mi cama y corro en busca de mi padre que aún dormía: entro en su cuarto de puntillas y casi desnuda; me acerco sin hacer ruido a su cama y le beso en la frente... Mi padre se despierta y viéndome llorando: «¿Qué tienes?, ¿de dónde vienes?, ¿por qué lloras?» me dijo. Le cuento lo que había interrumpido mi sueño y le suplico que envíe prontamente a librar a aquel negro del castigo. Se levanta mi padre, me arroja encima algunos vestidos, y me conduce al paraje en que se hallaba el negro.

Este, que aun estaba bajo las varas había cesado de gritar, y esperaba con ojo seco el término de su castigo. Mi cara llena de terror y mis ojos todavía llorosos, contrastaban con su aire de indiferencia y casi de insensibilidad. Supimos que había reincidido por quinta vez en la fuga; sin embargo, mi padre mandó al momento que le dejasen libre. Así es que mi posición en la niñez me ponía en el caso de ejercer la caridad como un dulce hábito, y aliviando la miseria de los que me rodeaban, sentía desarrollarse en mí aquella necesidad de hacer el bien, fuente de los goces más puros y más durables.

Aprendí a ponerme siempre de parte del desgraciado, antes de saber si había merecido su suerte.

Todos los domingos se decía misa en un gran oratorio contiguo a la casa, en el cual se reunía una multitud de esclavos. Después de la ceremonia les era permitido venir a saludar a su señor: aquella era la hora de perdón, y cuando ellos tenían algunas gracias que implorar se aprovechaban de aquel momento. Un día al salir mi padre del oratorio, vi lanzarse de la multitud, que se apartó casi con respeto, a una hermosa negra con su hijo en los brazos. Su talle delgado, su porte majestuoso y lleno de nobleza, prevenían en favor suyo, y parecían anunciar hábitos de mando, más bien que de obedecimiento: Llega, se prosterna a los pies de mi padre y le suplica que le conceda una gracia; su petición se limitaba a poca cosa. Destinada por el mayoral al trabajo de los trapiches, prefería y solicitaba con instancia el de los secaderos. El primero era penoso y dependiente, al paso que el segundo se reducía a una vigilancia sosegada, aunque exponía a los que se ejercitaban en él a los ardores del Sol. El deseo que ella manifestaba de esta mudanza, se fundaba en el interés del hijo que criaba. Como estas plazas estaban reservadas para las negras viejas enfermizas, le dijo mi padre que ella no era la única que tuviese hijo en la finca, y que siendo grande, fuerte y joven, se hallaba destinada a los trabajos más activos.

Entonces se levanta aquella negra, se abraza con su hijo, y se deshace en llanto, pronunciando estas palabras: «Mi belleza y mi juventud constituían un tiempo mi ventura; "¿por qué han de causar ahora mi desdicha?"». Un cierto aire de arrogancia se percibía en medio de su pesar; sus lágrimas me conmovieron, y saltando al cuello de mi padre le insté a que cediese; su buen corazón hizo lo demás.

El gozo de la negra fue tan vivo, como lo había sido su dolor, o mejor dicho, estas dos sensaciones se confundieron; pues al propio tiempo que hacía gestos significativos de alegría, sus lágrimas no paraban de correr, y su fisonomía pasaba súbitamente de la expresión del pesar a la del placer.

El exterior de aquella negra se daba tan poco en armonía con el de sus compañeros, que mi padre ordenó que se tomasen algunas noticias acerca de ella, y este fue su resultado. En el reino de Congo la dignidad real no se concede sino a la más bella, y esta escoge al rey a su gusto. Nuestra negra Cangis proclamada la más bella de las bellas, había sido coronada, y haciendo al punto el mejor uso de su poder, eligió a su amante por rey. Pocos meses después y ya encinta, marchó con su marido para atacar a una tribu enemiga: ella le vio perecer en el combate; fue hecha prisionera y entregada al capitán de un barco negrero. La condujeron a La Habana, y fue vendida con su hijo a mi padre. Así el hombre en su primitiva ignorancia, adora al Sol como un dios, y confiere el poder a la hermosura como a su más bella imagen; guiado por las apariencias no es dominado en un principio sino por la impresión de los sentidos; pero sin saberlo él, se ve arrastrado hacia un punto más alto; y busca sin descanso el bello moral, esa ley suprema del universo.

VI

La finca de Mamita estaba inmediata a la nuestra; yo iba a verla con frecuencia, y cuando ella se retiró del campo rogué a mi padre que me permitiera seguirla.

Así me lo prometió; pero un accidente desagradable que me sucedió entonces, retardó, no obstante, por algunos días, nuestro regreso a la ciudad, y puso a mi familia en la mayor consternación.

Teniendo mi padre una correspondencia muy extensa con motivo del servicio militar, conservaba mientras residía en el campo dos ordenanzas montados, prontos siempre a marchar.

Yo nunca había montado a caballo; lo deseaba con ansia, y del deseo a la ejecución no había intervalo para mí.

Viva, guiada por mi astucia infantil, aceché el momento favorable, y después de haber examinado a los dos ordenanzas, me decidí a atacar al más viejo, creyéndole más débil.

—Silva —le dije— yo tengo muchas ganas de probar tu caballo.

—Señorita, es muy brioso, y usted podría no sujetarse en él.

—Tú te mantendrás junto a mí, y yo lo llevaré despacio.

—Pero ¿si el señor conde lo llega a saber?

—Papá hace siempre lo que yo quiero .

—¿Y si le sucede a usted alguna cosa? Me pierdo para siempre, y tengo hijos, señorita.

—Vamos no me sucederá nada; te daré cuatro duros para que compres zapatos a tus hijos. Tómalos, y déjame a mí.

De un salto subo en un banco que se hallaba cerca de la puerta, de otro me pongo en el caballo, y sin darle tiempo a la ordenanza para arrepentirse, arreo a mi corcel que parte al galope... El primer momento fue feliz.

Yo ejercía un nuevo poder: aquel animal fogoso que creía conducir, la rapidez del movimiento, la impresión viva e intensa del aire, todo aumentaba mis fuerzas y mi valor. Pero mi dicha fue de corta duración: a medida que mi mano se debilitaba, el caballo apresuraba su carrera; sintiendo mi debilidad empezaba a temer; mi timidez crecía con las voces de susto y sobresalto de la ordenanza, que venían de lejos a herir mis oídos. Insensiblemente se me desvaneció la cabeza: mi respiración era fatigada, un ligero temblor se apoderó de todo mi cuerpo, y perdí enteramente el conocimiento... Cuando volví en mí, y abrí los ojos, me hallé tendida sobre la yerba, a orillas de un arroyo, con el pelo suelto, sin zapatos, y no teniendo por fortuna, más que un rasguño en la sien derecha. Los primeros objetos que se presentaron a mis ojos fueron, mi caballo, que después de verse libre de mí, se bañaba tranquilamente en el arroyo, y el mal aventurado Silva, de rodillas, llorando, torciéndose las manos y entregado a la desesperación...

—Papá no sabrá nada —tales fueron mis primeras palabras.

Mi negra Dolores que me había seguido de cerca, me cargó en sus hombros y me llevó a la casa de vivienda. Felizmente mi padre se había ausentado por algunas horas, y no fue difícil ocultarle este accidente. En los cinco primeros días no me resentí de nada absolutamente; pero al sexto experimenté unos terribles desvanecimientos y muy fuertes dolores de cabeza. Por la noche se declaró la fiebre; se envió por un médico a la ciudad; Mamita no tardó en seguirle, y todo fue movimiento en casa de mi padre.

Yo sabía muy bien cuál era la causa de mis padecimientos; pero nada me habría obligado a declararla. No temía las reconvenciones, mi padre nunca me había reñido; pero aquel pobre Silva estaba siempre presente en mi pensamiento, y no quería hacerle perjuicio. Por fortuna este buen hombre sabedor de mi peligro, no vaciló en confesarle a mi padre: me sangraron, y aquel accidente no tuvo más resultas.

VII

Partimos para la ciudad, y durante algunos meses los bailes y otras diversiones se repitieron en casa de mi padre. El habanero, aunque bajo la influencia de un clima abrasador, gusta de la danza con pasión, y es un contraste digno de notarse, verle después de haber pasado todo el día blandamente recostado en la butaca, con los ojos medio cerrados e inmóvil, con un negro joven a su lado para abanicarle y hacerle cualquier servicio ligero, que exija algún movimiento; es un contraste muy singular, repito, verle salir de este estado de voluptuosa apatía, para entregarse con ardor al ejercicio animado del baile. Este contraste se reproduce en todas sus disposiciones morales: dulce hasta tocar en debilidad en todas las circunstancias comunes de la vida, violento e indomable cuando sus pasiones están en acción. Su exterior, principalmente el de las mujeres lleva siempre el sello de estos dos caracteres tan diversos, y esta mezcla de viveza y de languidez les da un encanto irresistible. Parecería que el Sol, penetrándolas con sus ardientes emanaciones, no ejerce su influencia sobre ellas, sino instantáneamente para animar su dejadez.

Mi padre se complacía en llevarme a los bailes, pero yo les prefería la sociedad de Mamita. Sentada a sus pies, apoyada en sus rodillas, escuchaba con un vivo interés algunos rasgos del antiguo testamento, o de la historia romana, y experimentaba un no sé qué, que me persuadía de que prefiriendo a Mamita al baile obraba bien. Mirándola sentía que la felicidad que ella tenía en verme, era mía.

VIII

Pocos meses después se vio obligado mi padre a marchar a Madrid. El cariño que me profesaba le hacía desear llevarme al lado de mi madre: allí hubiera encontrado yo todos los medios de perfeccionar mi educación, que estaba bosquejada apenas. Mas él tenía el proyecto de casarme en América, y las ideas nuevas en que me habría empapado infaliblemente en Europa, en el seno de una vida más refinada, hubieran dado otra dirección diferente a mis gustos. Mi ardiente y precoz imaginación se lanzaba ya impetuosa hacia el dominio de lo desconocido; me veía atormentada por el deseo de aprender, y todo hacía pensar que las facultades activas de mi alma, habían llegado a un punto, en que necesitaban de un pronto desarrollo. El partido más prudente era, pues, calmar aquella disposición, y dejarme ignorar todo lo que podía, creándome nuevas necesidades, turbar aquella armonía tan precisa entre la educación y el puesto social, a que está una destinada. Mi padre lo concibió así, y tomó el partido que parecía aconsejar la prudencia; pero el fanatismo y la ignorancia frustraron los efectos de una determinación bien meditada.

La madre de mi padre, buena, sencilla, virtuosa, amando a Dios con ardor, y sometida en todo a su director espiritual, se imaginó que el modo más seguro de ponerme a cubierto de todo peligro, era el de colocarme en un convento; porque, decía ella, la excesiva ternura de Mamita, y la libertad con que se me había criado hasta entonces, podían ser ya muy peligrosas. Mi padre vaciló en adoptar este medio por el temor de disgustarme; pero al fin se rindió, y fue decidido que si yo no tenía repugnancia, pasaría en el convento de Santa Clara todo el tiempo que mi padre estuviese ausente. Mi abuela empeñada por convicción y también por amor propio, en obligarme a consentir en esta medida, empleó cuantos medios eran del caso, y acabó por lograrlo. Puse por condición sin embargo, que la partida de mi padre no se verificaría hasta algunos días después de establecerme en el convento.

Las religiosas de Santa Clara pertenecían a las familias más distinguidas de la ciudad. Unas habían abrazado el claustro por consecuencia de los cálculos ambiciosos de sus padres; otras porque los medios de subsistencia que tenían, no les permitían sostener en el mundo el rango de su nombre. Algunas dirigidas y amoldadas a este objeto por manos diestras, se habían imaginado, que renunciando a los más dulces goces de la vida, ocuparían dignamente el puesto que Dios les había señalado en este mundo. Estas eran las más dichosas; criadas en el convento desde su niñez, no podían echar menos lo que no conocían. Luego las menos dignas de lástima eran aquellas, que habiendo apurado en el mundo la copa de los deleites y de las miserias de la vida, iban a ofrecer a Dios unos corazones desalentados, que tenían cerrados para el porvenir las puertas de la esperanza, y que a falta de felicidad aceptaban con resignación el descanso. Mas; ¡cómo podría pintarse el dolor de una alma tierna, que después de haber hecho prueba de su poderío, se ve encerrada para siempre en la flor de la edad; que consumida alternativamente por pesares y por deseos, ve correr los días y las noches sin recibir jamás el menor consuelo en sus penas; que roída por una melancolía que nada podría destruir, mide con la vista aquellos muros elevados y fija sus tristes miradas en aquellas rejas dobles, ansiando como el viajero del desierto, alguna fuente inesperada de consuelo, o de esperanza! ¡Pobre madre Santa Inés! yo te he conocido, y aunque en una edad bien tierna, mi corazón ha simpatizado con tus pesares. Pero no anticipemos los acaecimientos.

IX

El día de mi entrada en el convento fue en verdad día de fiesta para las monjas. En una mansión donde el curso de la vida es tan poco variado, la llegada de una persona joven debía producir alguna sensación: las ancianas veían una prosélita en mí, las novicias una nueva compañera. Yo tenía en el convento dos tías, hermanas de mi abuela; la de más edad era la abadesa; la más joven se encargó de mí.

Mi abuela me llevaba con frecuencia a visitar a las monjas en los últimos días que precedieron a mi entrada en el convento. Ellas se valieron de las atenciones más delicadas, y aun podría decirlo, de una especie de coquetería para seducirme: los halagos, las lisonjas, las bolsitas de olor, los bonitos escapularios, los buenos dulces, nada omitieron; pero todos aquellos extremos iban a frustrarse el último día, al ver las fatales rejas, y al oír el sonido discordante de los cerrojos. Ya era demasiado tarde; lo había prometido; con el corazón oprimido y los ojos llorosos, abracé a Mamita, y por primera vez sentí el golpe de la desgracia y el yugo de la necesidad.

Mi tristeza no se disipó en todo el día, a pesar de los cuidados de las buenas hermanas y del humor festivo de las novicias. Entre las personas que acudían solícitas a mi lado, reparé una religiosa joven, cuyo aire paciente y mirar melancólico llamaron mi atención e interesaron a mi alma. No sé qué relación secreta se estableció entre nosotras; pero me parece que no la veía por primera vez. Leyendo sus penas en sus ojos creía haberle comunicado las mías: ella me hablaba poco, pero sus palabras eran consoladoras y producían una dulce persuasión en mi alma. Impelida hacia ella por aquel encanto desconocido, abandoné enteramente a mis compañeras, y acercándome con confianza, le ofrecí el brazo proponiéndole dar un paseo por el jardín. Un movimiento de placer brilló como un relámpago en sus ojos; pero su expresión cambió súbitamente y sus mejillas, que hasta entonces habían conservado una palidez mortal, se colorearon un instante al aspecto de mi tía, que más pronta que el pensamiento, colocándose con aire severo entre las dos, me tomó por el brazo y casi me arrastró para otro lado.

—Hija mía —me dijo—, procura no fijar tu afecto en el convento, antes que hayas recibido los consejos, que mi amistad y mi experiencia pueden ofrecerte.

Este acto de tiranía, oculta bajo el velo de la ternura, decidió mi odio al convento, y mi amistad a la joven monja.

Por la tarde se reunieron todas las religiosas en una gran sala destinada al recreo para ensayar algunos cantos que debían ejecutarse al día siguiente, que era la fiesta de la patrona del convento. Se me propuso que me uniese con las demás; yo tenía voz y las acompañaba en el canto con facilidad.

Los elogios que las religiosas me prodigaron, me sorprendieron, sin causarme gusto.

Yo comencé a estar sobre aviso, porque el tono meloso que acompañaba a sus palabras, ocultaba mal el fin que ellas se proponían, y que mi instinto me hacía adivinar. «¡Esta hermosa voz que bien empleada estará en las alabanzas del Señor! —decía una—. Es digna de serle consagrada —añadía otra—... ¿No es así, hija mía, que os quedaréis con nosotras?»

Y yo les respondía con una sonrisa forzada, reconviniéndome interiormente por este sentimiento de ingratitud.

A las nueve de la noche se tocó la campana de silencio. Al punto la mayor calma se siguió a los juegos y bulliciosos corrillos. Monjas y novicias, caminando ligeramente de puntillas, se dispersaron por los claustros. No conociendo las entradas y salidas del convento, permanecí un momento sola en la sala; pero mi tía no tardó en mandarme a su mulata con una linterna sorda, para que me condujese. Baja de cuerpo, abultada de carnes, de ojos redondos y vivos, la nariz chata, labios gruesos, pasa retorcida, color de cobre y pies enormes, tal era el exterior de Dominga.

—Señorita —me dijo, con una voz gangosa—, sígame usted.

Atravesamos por muchos corredores, alumbrados solamente con lámparas medio apagadas, y por algunos rayos de la Luna que penetraban por las vidrieras. El ruido acompasado y misterioso del andar de las religiosas, el rozamiento de sus anchos y pesados hábitos de lana, sus formas vagas, que se escapaban a mi vista en el momento de percibirlas, todo hería a mi imaginación y sumergía mi alma en la tristeza. El recuerdo de Mamita, de mi padre, de mi pasada felicidad, se representaba alternativamente en mi memoria, y siguiendo con tímido paso a mi guía y su linterna, tomé la firme resolución de salir del convento.

El poder de la voluntad es inmenso, y cuando esta ejerce su imperio absoluto, un vigor, un impulso, hasta entonces ignorado, nos descubre el conocimiento de nuestras fuerzas, extendiendo el círculo de nuestras facultades. También decide muchas veces de nuestro destino. Lo he pensado a la edad de nueve años, como lo pienso en el día, pero entonces no podía saber en qué consistía esto; obraba por instinto.

Atravesamos por un largo corredor que terminaba en una escalera; al bajar nos hallamos frente del jardín. Mi guía tomó por otro corredor a la derecha creyendo que yo la seguía; pero me había quedado inmóvil en el último escalón, puesta la mano sobre la baranda, observando atentamente una figura, que se presentaba ante mis ojos. Vi a una religiosa, que reconocí en su ropaje blanco y en el velo negro que la cubría a medias. Estaba apoyada con descuido en una de las columnas que sostenían la galería, con los brazos pendientes y la cabeza caída sobre el pecho. Hubiera creído que estaba entregada a una profunda meditación, si algunos sollozos ahogados no hubiesen herido mis oídos. Arrastrada por una dulce simpatía, di algunos pasos hacia ella: mi corazón la había conocido: era la madre Santa Inés. En aquel instante, asustada al oír que una persona se le acercaba, un ligero temblor agitó sus miembros: volvió a recobrarse, levantó la cabeza, y la Luna que alumbró su rostro, me descubrió sus grandes ojos negros y sus mejillas pálidas, mojadas con lágrimas...

—¿Eres tú, niña mía? —me dijo con suave voz y un aire placentero, que contrastaba con la expresión dolorida de su cara.

Sin contestarle tomé sus dos manos con las mías, apretándolas fuertemente: la abracé repetidas veces y recogiendo con prontitud del suelo su pañuelo, que se le había caído, enjugué sus mejillas, y la abracé de nuevo. Manifesté tanto interés, y aun diría tanto amor en esta acción, que sus lágrimas volvieron a correr; pero ya no eran lágrimas de amargura, y veía que se le escapaban lentamente y sin pena.

—¡Cuánto bien me proporcionas, querida niña! Tus caricias son las primeras que han penetrado en mi alma, hace cuatro años. Alejada para siempre de los objetos de mi afecto, todo es dureza y frialdad en torno mío: padezco, lo ven y no me lo perdonan.

—¡Ah! ¡Cuanto amo a usted! —le dije yo—. ¡Tanto como la compadezco! ... Quisiera poderla llevar a usted conmigo, cuando salga de aquí, pues no permaneceré más de dos días en el monasterio.

Ella movió la cabeza en señal de no creerlo.

—¿Qué, usted lo duda?

—¿Conoces tú las intenciones de tu abuela?

—Conozco las de mi padre, y él nunca se ha opuesto a mi voluntad: creía que yo estuviese bien aquí ínterin durase su ausencia; mañana le escribiré diciéndole que estoy disgustada, y vendrá a buscarme inmediatamente, estoy cierta de ello.

—Tu padre te ama y desea tu felicidad, pero tu abuela cree alcanzarla, haciéndote abrazar la vida religiosa, y no omitirá ningún medio para lograrlo. La conducta que todas las hermanas observan contigo me lo ha hecho conocer. Se piensa en irte preparando por grados para que tú misma lo solicites de tu padre a su regreso.

En aquel momento oí los pasos lentos de Dominga, y pregunté a la madre Santa Inés:

—¿Dónde podría volver a verla?

—Mañana por la mañana a la hora de coro...

Adiós, silencio...

Me alejé de ella para que no la reconociese Dominga, quien me condujo a la habitación de mi tía, murmurando entre dientes, de lo que ella llamaba mi viveza.

X

El día siguiente a las seis, salió mi tía para el coro, y Dominga creyéndome dormida, no tardó en seguirla. Media hora después, ya estaba yo en la celda de mi amiga. Me recibió con alegría; su alma tierna parecía probar una especie de felicidad en desahogar su pecho conmigo y dar curso a aquella fuente de afectos comprimidos, había tanto tiempo. Yo le abrí mi corazón, pero no pude penetrar la causa de sus penas; seguramente mi edad le impidió revelármelas. Adiviné su pensamiento, y lo que es más, le demostré mucho interés y ninguna curiosidad. La dulce simpatía que me inspiraba, difundía a mi vista un encanto sobre toda su persona. He hallado en el mundo bellezas más perfectas, pero otra cosa de tanto atractivo no la he visto nunca. Tenía apenas veintidós años; su estatura mediana y delgada estaba sostenida por unos pies tan pequeños, que casi no se percibían bajo de su ancho hábito. Su andar incierto y tímido, nunca era regular; ya precipitaba sus pasos, ya los aflojaba, o los detenía; se hubiera dicho que asaltada a un tiempo por pensamientos funestos y halagüeños, quería huir de unos y retener los otros.

Tenía facciones delicadas; sus hermosos, ojos negros, grandes y un poco hundidos, arrojaban al través de una sombra misteriosa, aquella mirada tan apreciada de los pintores, y se hallaban en armonía con unos labios poco encarnados y llenos de gracia; pero alterados frecuentemente por un ligero movimiento convulsivo. La expresión habitual de su fisonomía dulce y melancólica descubría a veces, bajo el velo de la resignación, las fuertes y dolorosas emociones que la agitaban. Aunque su tez natural fuese muy blanca, la enfermedad de languidez que la consumía, daba a su extremada palidez un ligero color de cera virgen, que hacía dudar de que su sangre circulase por las venas; y cuando al entrar en su celda, la encontré sentada con las manos cruzadas sobre el pecho, y los ojos elevados al cielo, dirigiéndole una mirada vaga y prolongada, creí ver una de aquellas estatuas de mármol, que había reparado muchas veces colocadas sobre los sepulcros.

XI

Escribí a mi padre, expresándole el fastidio que sentía en el convento, y suplicándole me volviese a llevar a casa de Mamita antes de su marcha. Mi carta respiraba confianza y seguridad, porque yo conocía el corazón de mi padre; él me había acostumbrado demasiado a la indulgencia. Recibí su respuesta por conducto de mi abuela; me exhortaba a la tranquilidad y a la paciencia, me aseguraba nuevamente de su cariño, y anunciaba su firme resolución de dejarme en Santa Clara el tiempo que durase su ausencia. Mi sorpresa y mi pesar fueron sin tamaño. No me desanimé; rogué, supliqué a mi padre que fuese a verme; me parecía que si sus ojos se fijaban en los míos, todo lo conseguiría de él; mas no vino. Adivinando a qué influencia debía tanto rigor, me valí de un estratagema, que se hallará superior a mi edad, sino se piensa en el desarrollo rápido que presta a nuestras facultades la fuerza del clima de fuego que me vio nacer; clima, bajo el cual no hay niñez por decirlo así.

Manifesté a mi tía el deseo de confesarme. Había dos sacerdotes destinados al monasterio, como directores; uno de ellos era el confesor de mi abuela; yo lo sabía, y le elegí para el mío. Al día siguiente me acerqué al confesonario, y cuando me vi sola con el padre, le dije:

—Padre mío, no vengo aquí para confesarme; en el estado de desorden y agitación en que estoy, cumpliría muy mal con ese deber. Conozco la influencia que usted tiene con mi abuela: ella es la que me ha obligado a entrar aquí, ella sola puede sacarme. No tengo valor para permanecer más tiempo; estoy desesperada... Si cometo alguna culpa grave recaerá sobre su conciencia... Háblele usted, padre mío, y no me abandone...

El sacerdote sorprendido, y quizás conmovido, me lo prometió todo.

Algunos días pasaron sin que yo recibiese noticias de mi familia. Las monjas redoblaban sus atenciones y sus cuidados conmigo, pero yo estaba insensible a todo. La pérdida de mi libertad me era insoportable; la separación de mis amigos, de mi padre, y sobre todo, de Mamita, me causaba el pesar más vivo. Había perdido el apetito y el sueño; pero conservaba el ánimo, y me ocupaba sin descanso en los medios de salir del convento. Mil proyectos extravagantes se presentaban a mi imaginación. El abandono de mi familia, tan nuevo para mí, me causaba mucha pena. Este paso repentino de una indulgencia sin límites a tanta severidad, haciéndome patente la primera idea de injusticia, desenvolvió en mi carácter cierta inflexibilidad desconocida hasta entonces. Al dolor que experimentaba se mezclaba una especie de irritación. Me parecía que el olvido de los demás, me autorizaba a bastarme a mí misma, y llegué a creerme libre de toda sumisión, y con derecho a sacudir el yugo que me oprimía.

Mi único consuelo consistía en la amistad de la madre Santa Inés. Se le había dispensado a causa de su poca salud, la asistencia al coro por las mañanas. Yo me aprovechaba de esta circunstancia y de la ausencia de mi tía para ir a verla; le confiaba todos mis proyectos, y ella me daba buenos consuelos sin desaprobar mi resolución.

Se reedificaba en ese tiempo una parte de las viviendas interiores del monasterio; y a pesar del rigor de la regla, era necesario abrir la puerta principal muchas veces en el día, para dejar entrar y salir a los operarios. Un día que yo comunicaba a mi amiga mis proyectos de evasión por este medio; después de haberlo combatido como impracticable.

—¡Pobre niña —me dijo al verme llorar—, cómo te compadezco! Tu imaginación ardiente y tu tierno corazón, no han sido creados para esta morada. Ya no vacilo más; haré por ti lo que hubiera querido que hicieran por mí. Mercedes, vas a ser depositaria de un secreto, del cual está pendiente mi suerte, y quizás, mi vida. Sin temor lo confío a tu corazón infantil: una voz secreta me dice que tú no engañarás mi confianza. ¡Piensa que se necesita mucho ánimo!

Luego, como queriendo enmendar sus palabras:

—¿Estás muy decidida a salir de aquí, hija mía?

—Siento en mí la fuerza necesaria para tentar todos los medios de lograrlo.

—Pues bien, escucha. ¿Cuando has ido al coro para oír misa, has reparado el lugar destinado para la comunión de las religiosas?

—Sí, es aquella abertura practicada en el muro, a tres pies de altura, y que está cerrada por dos puertas; una al lado de la iglesia, y otra a lo interior del convento.

—¿Crees tú poder pasar por esa abertura?

—Así lo pienso; ¿pero cómo me haré de las llaves? el vicario guarda una y la abadesa otra.

—No las necesitas; las puertas están sin llaves; este es un secreto que nadie conoce en el convento... Aprovéchate de él, y cuando seas más feliz, no me olvides.

¡Cómo expresaría lo que experimenté en aquel instante! Mi plan de evasión y aquella libertad tan deseada que veía tan próxima, desaparecieron por un momento, ocupando su lugar la más viva gratitud. La confianza que mi amiga acababa de manifestarme, me realzaba a mis propios ojos.

¡Yo adivinaba por instinto el valor de aquel depósito, que con tanto abandono acababa de confiar a la debilidad de una niña! ¡Oh! no, ya no era una niña; porque yo comprendí en aquel momento, así la delicadeza de su conducta, como los deberes que ella me imponía: ya no dudé del buen éxito de mi proyecto. El descubrimiento que acababa de hacer, me volvió a mi natural alegría y abandonándome con la ligereza de la edad a todo el exceso de mi regocijo, logré disipar, a

lo menos por algunos instantes, la melancolía de la madre
Santa Inés.

XII

Mi tía ignoraba siempre las visitas secretas que yo hacía a mi amiga; esta le disgustaba, y me había prohibido verla. La mudanza que observó en mí, le causó gusto; y queriendo aprovecharse de mis buenas disposiciones, arriesgó de nuevo algunas reflexiones sobre las ventajas de la vida religiosa. ¡Cuánta felicidad es, hija mía, servir a Dios sin tener que combatir las tentaciones del mundo!

—Pero, tía mía, me parece que es más meritorio servirle, combatiéndolas.

—Pero esta calma.

—Me cansa terriblemente, tía mía.

—Vamos, vamos, mañana estarás más juiciosa.

—Sí, decía yo para mí, porque estaré lejos de aquí.

Ya había dispuesto mi plan de huida para la mañana del día siguiente; pero no quería dejar el convento, sin despedirme de mi amiga. Esta, no estaba advertida de mi determinación, y me veía sumamente confusa en hallar modo de burlar la vigilancia de mi tía y de Dominga. Ya había pasado la hora de coro por la mañana, y tenía obligación de asistir con mis compañeras a la de la tarde. La madre Santa lnés debía concurrir también, pero no podía verla, sino de lejos, y una mirada no era suficiente para mi corazón; he aquí el arbitrio que este me sugirió.

Escribí en un papel: «Parto mañana... necesito verla a usted antes: esta noche, bajo el cedro grande del cementerio...».

Nos era permitido entrar en el coro a cualquiera hora del día; conocía el sitio que comúnmente ocupaba mi amiga. Las monjas no hacían uso de asientos ni de reclinatorios: las más veces se quedaban las horas enteras, o sentadas, o de rodillas sobre las losas de mármol. Había cierto número de cajitas pegadas a la pared, en las cuales guardaban sus libros de oraciones; no me fue difícil hallar la de la madre Santa Inés. Tomé el libro que usaba diariamente y puse dentro mi billete para el rezo de vísperas.

A la hora de recreo fui con mis compañeras al jardín, y mientras permanecíamos allí, se nos eximía de toda vigilancia particular. El paso del día a la noche es tan agradable en aquel clima, que muchas veces nos permitían prolongar nuestros juegos en el jardín hasta después del crepúsculo. Inquieta, preocupada, me era imposible tomar parte en las diversiones de mis compañeras. Esperando el momento de alejarme sin ser vista, me senté un poco desviada, bajo un emparrado de flores. El tiempo era hermoso, al calor ardiente del día, había sucedido una ligera brisa. El Sol acababa de ocultarse por el lado del mar, y el color de púrpura que había quedado, no aclaraba más que la parte superior de la atmósfera, dejando caer sobre la tierra las sombras de la noche. Por el otro lado, la Luna se elevaba ya en un cielo puro sembrado de estrellas. Contemplando aquella bóveda reluciente, que la transparencia de la atmósfera parecía aproximarse, un enternecimiento inexplicable se apoderó de mí. Mi alma se elevó hacia Dios, las lágrimas corrieron de mis ojos, y dejándome resbalar suavemente hasta el suelo, permanecí algunos instantes inmóvil, y como anonadada por una emoción que me era desconocida hasta entonces. Ah! ¿por qué mi vida no terminó en aquel instante? Con los ojos cerrados y en un plácido recogimiento, me parecía que no había intermedio entre Dios y yo: rogándole que me oyese para el buen éxito de mi empresa; creía dirigirme a mi padre, y no me vino a la idea, que ¡Dios reprobase la acción que meditaba! Cuando me levanté, todo lo hallé en silencio; mis compañeras se habían retirado: el recuerdo de mi amiga me vino al pensamiento, y con ligero paso salvé la distancia que me separaba de ella.

Me esperaba había mucho rato, y empezaba a temer el no verme más. Mi presencia le causó pena y placer a un mismo tiempo. La encontré más agitada que nunca: su palidez era casi lívida; sus facciones demudadas y sus labios entreabiertos y trémulos anunciaban una agitación oculta, que en vano se esforzaba en querer alejarla. Se levantó a medias, me abrazó y volvió a caer casi desfallecida sobre el banco que ocupaba:

—¡Ven, Mercedes, siéntate junto a mí! —me dijo—, tu presencia me causa mucho bien. Me imagino que soy casi dichosa en este instante.

Estas palabras, pronunciadas por ella, me dieron tanta pena, que no pude retener el llanto. Ella aparentó no repararlo y continuó:

—Tengo un hermano que debe estar ahora en España; él no sabe dónde estoy, y se emplean todos los medios posibles para que lo ignore. Su corazón no ha participado de la injusticia, de que he sido víctima, y aunque él sea en parte, la causa indirecta de mi desventura, no le puedo echar en cara ni uno solo de mis tormentos.

Si tu padre te lleva consigo, es fácil que le encuentres. Mira esta carta; la confío a tu amistad.

Has modo de entregársela tú misma; y si alguna circunstancia te pone en la imposibilidad de hacerlo, la puedes romper. Con ella volará mi última esperanza.

Me entregó su carta que yo recibí con un respeto religioso. El placer que me causaba este nuevo testimonio de su confianza, fue turbado por un sentimiento de delicadeza. Pensé que poniéndose tan completamente bajo de mi dependencia, debía experimentar una desazón interior, causada por la ventaja que adquiría yo sobre ella, por una cierta inquietud acerca de mi discreción. ¡A qué pruebas no me hubiera yo sometido para realzarla a sus ojos, y para hacerle comprender cuán inferior me consideraba a ella, aun después de haber llenado los deberes que su confianza me imponía! El júbilo que me hacía sentir era tan vivo, que los sacrificios más penosos me habrían parecido gratos, si con ellos se me presentase la oportunidad de serle útil y de probarle mi gratitud. Cuando la experiencia llega a ser la regla de nuestras acciones, se hace lo que es bueno, más bien por cálculo que por inducción. A medida que la razón se apoya en el conocimiento del mundo, el ímpetu del corazón pierde de su fuerza primitiva, y se busca la recompensa de una buena conducta, más bien en la opinión de los demás que en la satisfacción de sí mismo. Pero en los principios de la vida, y cuando circunstancias particulares desarrollan de golpe en el alma unos sentimientos nobles y generosos, los recibimos con un santo entusiasmo; el gozo secreto que experimentamos nos advierte que cada una de estas revelaciones, tendiendo a completar nuestra existencia, nos aproxima al objeto a que estamos destinados. Me separé de mi amiga con un sentimiento doloroso; creía verla por la última vez. Su aire débil y paciente; aquella claridad de la Luna que penetraba por entre los árboles y contrastaba con las sombras de la noche; aquel silencio profundo y solo interrumpido por su dulce voz, todo contristaba mi alma, y disponía mi imaginación a las visiones sobrenaturales... ¡Ella se levantó; y cuando yo la contemplaba de pie sobre uno de los sepulcros que nos rodeaban, creí por un momento verla deslizarse a aquella mansión de paz, dirigiéndome el último adiós! Dejé de oír su voz; ella cogió mi cabeza entre sus manos, imprimió sus labios en mi frente, y desapareció como una sombra por las calles del cementerio.

XIII

Volví a la sala de recreo. Mi vista se lastimó por el paso repentino de la oscuridad al brillo de las luces, tanto que mi corazón se sintió afectado desagradablemente por el tumulto gozoso de mis compañeras. Sin embargo aquella impresión penosa se fue disipando poco a poco, y cuando puse mi cabeza sobre la almohada, sentí que la esperanza la había reemplazado.

Al día siguiente oí a mi tía levantarse más temprano que lo acostumbrado y salir para el coro. Dominga salió media hora después, y algunos minutos más tarde yo seguí sus huellas por los corredores, y en de puntillas, muy arrimada a la pared y apoyándome de cuando en cuando para que mi andar fuese más ligero.

El día comenzaba a rayar y había bastante claridad para que pudiesen descubrirme. Sin embargo respiré con libertad al reconocer que no iba seguida ni precedida por nadie. Había dos coros en el convento, uno bajo, al nivel de la iglesia, y el otro encima. En este último era donde las monjas se reunían por la mañana hasta las ocho, y yo fundaba en esta circunstancia la esperanza de hallarme sola en el otro para ejecutar mi empresa. Experimenté una sorpresa desagradable al entrar con el encuentro de varias personas; con todo no perdí el ánimo. De rodillas, inmóvil, y bajo las apariencias de recogimiento, establecí un plan de observación. Mi primera ojeada se dirigió a la puertecilla: estaba cerrada como de costumbre, y no debía abrirse más que un instante, a las nueve, para la comunión. La puerta exterior de la iglesia no estaba abierta todavía. No había pensado hasta aquel momento en el efecto tan extraño que debía producir mi vestimenta en la calle. Las mujeres no salían nunca sino de negro, y se rizaban el pelo; al paso que el traje de las novicias, que yo usaba, era blanco, con un velo de muselina por la cabeza, el pelo alisado y partido sobre la frente. Esta reflexión me inquietó por un instante. ¿Si me conocían y me volvían a llevar al convento?... ¡Oh! no: iré deprisa; me mirarán; tal vez se reirán, pero yo apretaré el paso; si fuere necesario echaré a correr, y en pocos instantes me veré en los brazos de Mamita... Con este recuerdo; ¿qué fuerza hubiera podido detenerme? Poco a poco se fueron retirando las personas que oraban cerca de mí. Quedaba solamente una negra vieja, arrodillada junto a una columna, al medio del coro: ya no había que perder tiempo. El momento había llegado, pero un exceso de precaución casi me hubiera perdido. Yo podía haberme escapado a pesar de la presencia de la negra, y sin que ella lo notase; no obstante quise saber si su intención era irse inmediatamente, y en este caso esperar el momento de hallarme sola para obrar con más libertad. Me acerqué a ella, y tocándole suavemente en el hombro, le dije:

—¿Buena madre, su intención de usted es quedarse aquí algún tiempo?

—¡Hasta las nueve! —me contestó enderezándose, y quizás despertándose.

Me quedé aturdida del golpe: por mi imprudencia acababa de hacerla mudar de postura, y sus ojos abiertos ahora, se hallaban enfrente de mi puerto de salvamento. El sacristán después de haber abierto la puerta principal, había vuelto a entrar para revestir al sacerdote que debía decir la primera misa. Ya se oía la campana; de un instante a otro podía llegar gente a la iglesia... Cortada y llena de turbación, me acerco al lado de la reja que tocaba a la puertecilla. Nunca he podido hacerme una explicación de lo que experimenté en aquel momento. Me sentía intimidada, aunque mi resolución no se había aflojado; pero no tenía ya la seguridad de ser guiada por ella. Un tumulto interior me impedía comprender lo que pensaba, lo que hacía, y lo que quería; pero involuntariamente, me veía impelida por una fuerza irresistible. Mi voluntad, creo, era mi destino; a pesar de la confusión en que estaba, veía todas las dificultades y las consecuencias de mi acción. Pero aunque no estuviese ejecutada todavía, no me asaltó ni por un instante, la idea de renunciar a ella, ni de diferirla. Arrastrada por aquella fuerza superior a mí misma, y a pesar de la flaqueza de mi edad nada pudo contenerme, así como una débil rama arrebatada por la corriente obedece al impulso de una fuerza que ella (...)[2] y que no puede hacer retroceder. Me adelanté, pues, hasta (...) entre la reja y la puertecilla, en la disposición del alma que acabo de pintar; fijando los ojos unas veces en la puerta principal de la iglesia y otras en la sacristía. Sin turbarme busco con la mano la cerradura de la puertecilla, la empujo, cede... empujo la otra, cede también.

Entonces no reparé en más nada, y por un movimiento más rápido que el pensamiento, salvé la distancia y metí del otro lado de la iglesia.

Allí, aunque el peligro fuese mayor, me sentí más dueña de mí misma; porque el estado del alma que sigue inmediatamente a la ejecución de una acción animosa, es siempre más tranquilo que el que le ha precedido.

Arreglé como pude mis vestidos, y con paso sereno atravesé la iglesia por delante del coro y de las religiosas. Al salir a la calle me asaltó aquella timidez natural a mi edad.

No me atrevía a fijar la vista en ninguna parte, temiendo que el menor accidente me quitase el poco ánimo que me quedaba, y creo que si hubiera oído el sonido de alguna voz conocida, me habría desmayado.

Por fortuna la hora no era muy avanzada, y las calles estaban desiertas. Llegué, pues, sin accidente, a casa de Mamita.

---

2   Ilegible en el original.

XIV

Mi felicidad había sido pura y sin nublados desde que nací hasta el día en que me había separado de Mamita; la encontré de nuevo en los umbrales de su puerta... Los latidos de mi corazón eran tan violentos que me vi obligada muchas veces a sentarme en la escalera. La primera persona que se presentó a mi vista, fue el negro Salvador, antiguo sirviente de la casa.

La expresión de asombro y de alegría la manifestó con unos gestos y unos saltos tan extravagantes, que en cualquiera otra ocasión me hubiera divertido como con la vista de un mono. Luego que se aquietó un poco me dijo que Mamita se hallaba en su oratorio. Reprimía mi impaciencia, pensando en la emoción demasiado viva, que mi repentina presencia podía causarle, y me dirigía para el cuarto de mi tía a fin de concertar con ella el modo de anunciarle mi llegada. Pero esta precaución fue inútil, porque al atravesar rápidamente por el corredor, me hallé cara a cara con Mamita, en el momento que salía del oratorio. Me precipité en sus brazos, llorando y riendo a la vez; tan grande era el exceso de mi júbilo. Ella me cubrió de caricias, y no tuvo aliento para hacerme una reconvención. Su primer cuidado fue avisar a mi padre y a mi tía, la religiosa. Mi padre le mandó decir que iba para su casa. La respuesta de mi tía fue corta y seca. Mi falta era, decía, una consecuencia de la educación que yo había recibido, y no se podía hacer responsable de ella, sino a la persona que la había dirigido, Mamita leyó esta carta en alta voz con calma y sin hacer la menor observación; pero yo adivinaba la pena que su corazón experimentaba. El cariño que le tenía identificó en aquel momento mis sentimientos con los suyos; o, mejor dicho, sentí que me alcanzaba su propio resentimiento; y en aquel instante solamente, me arrepentí de haber salido del convento; no a causa de mi falta, si lo era, sino porque hubiera querido evitar, aun a costa de mi felicidad, la primera y única pena que pudiera causar a Mamita.

Llegó mi padre. Parecía muy severo, aunque en medio de su rigor se vislumbraba la influencia de mi abuela. Esta le había sugerido la idea de volverme a llevar al convento. Por fortuna el enfado de mi tía era tanto, que se había negado a recibirme. A falta de este castigo se le ocurrió a mi abuela inventar otro, que debía despedazarme el corazón. Mi padre me declaró, que su voluntad era alejarme de Mamita, y confiarme, durante su ausencia, a una hermana de mi abuela, que yo apenas conocía. A pesar del sentimiento que me causó esta determinación, me sometí a ella sin resistencia, porque quería con mi docilidad y buen modo desmentir la carta fatal de mi tía. Las reconvenciones que contenía, habían hecho vibrar las cuerdas sensibles de mi alma; y yo hubiera querido a costa de los mayores sacrificios, mejorarme en todo, para hacer que reflejase en Mamita el brillo de mi conducta.

XV

Mi padre me condujo a casa de la marquesa de Castelflor. Mi tía Paquita era amable: yo no la quise al momento, pero vi que podría quererla. Aunque muy devota era indulgente. Tenía tres hijas, casi de mi edad, y muy alegres: la amistad que me manifestaron, me inclinó muy pronto a ellas, y mi mansión en casa de mi tía me pareció más agradable de lo que había pensado en un principio.

Por esa época recibí una carta de mi madre, que me colmó de gozo. Deseaba tenerme a su lado, y suplicaba a mi padre me llevase a Madrid. Esta carta iba acompañada de su retrato...

¡Todavía le conservo, ese retrato; ahí está, sin ninguna alteración, y tal, cual era entonces! Su expresión es siempre la de la felicidad; la vida que anima sus facciones, aquella fisonomía tan dulce, que parece querer comunicar a los demás el bienestar de que gozaba; todo está ahí! ¡pero ella!... ¡ya no existe! ¡Marchitada por el dolor, segada antes de tiempo por su triste destino, ha desaparecido!... ¡Ya nada queda de ella; y tantas perfecciones, tantas virtudes, han dejado menos señales sobre la tierra, que unos débiles colores sobre un pedazo de marfil! ... No había perdido de vista el depósito que me confió la madre Santa Inés; de día le llevaba siempre conmigo; y de noche le colocaba bajo de mi almohada. Hubiera querido tomar algunos informes acerca del lugar en que residía su hermano; pero no me atrevía a nombrarle. Se quería a toda costa conocer la persona, que me había ayudado en fuga. Las monjas daban la mayor importancia a este descubrimiento, pero todos sus medios de seducción se habían frustrado. Mi corazón me servía de experiencia. Esperaba pues una ocasión oportuna para cumplir aquella misión, que para mí era de un carácter sagrado.

Vivía en casa de mi tía una parienta vieja, que no había querido nunca casarse. Dueña de un caudal considerable, había preferido ser beata, a vivir en el mundo. Esta era una criatura buena y amable que me había cobrado mucha afición. Mi huida del convento la había escandalizado, y atribuyéndola a cierta tibieza en mis ideas religiosas, creyó que era un deber suyo avivarlas con sus consejos. No necesitaba de su influencia; yo amaba a Dios de todo corazón, aunque no diese como ella, tanto mérito a las prácticas exteriores de la religión. Yo apreciaba más el fondo, no comprendiendo todavía la importancia de la forma. Pero ella perdonaba esta disposición atribuyéndola a la viveza de mi edad. Cuando me hacía la pintura de las penas del infierno, y creía infundirme miedo, le decía muy alegre:

—Más me gusta Dios con su bondad, que con su rigor; él sabe que yo soy débil, pero no mala; hábleme usted del Cielo, que lo entiendo mejor; porque cuando yo haya sido muy desgraciada en este mundo, me quedará el consuelo a lo menos, de verme indemnizada en el otro.

Le tenía a los truenos un miedo excesivo; yo me reía de ellos; ella se incomodaba y exclamaba, sacrilegio; pero yo la abrazaba, y volvía apaciguarse.

Camila, la mayor de mis primas, era bonita, viva, atolondrada, y aun algo coqueta. Rodeada de adoradores, se veía que no prefería a ninguno; a lo menos, que el que le interesaba, no era de aquel número. Su carácter festivo y maligno se ejercitaba igualmente con todos ellos; más no era difícil apercibirse de que no tenía designio determinado en los medios de que se valía para agradarlos. Dormíamos en un mismo cuarto; esta circunstancia (de que ella hubiera querido privarse) nos tenía más unidas.

Yo había reparado que a ciertas horas del día, se ponía ella con un libro, con su costura detrás de una celosía que caía a la calle. Yo entraba muchas veces en nuestro cuarto, y la encontraba, ya con la costura sobre las rodillas, mirando para la calle, ya parada de puntillas, queriendo alcanzar a la parte más elevada de la celosía.

Nunca dejaba de ponerse colorada, y a menudo me encargaba de alguna comisión.

Una vez, entre otras, que se valió de mi condescendencia, volví al cabo de media hora, y la encontré con el libro en la mano, donde mismo la había dejado. Al darle cuenta, de lo que acababa de hacer, di un salto y apoyándome en el espaldar de su silla, interrumpí mi relación con una carcajada de risa.

—Camila —le dije—, si se juzga por el tiempo que empleas en tus lecturas, debes aprovecharte mucho. ¡Hay media hora que estás en la misma página!

Si ella se hubiera reído como yo, con el candor de mi alma, en nada hubiera hallado malicia; pero se incomodó, y me dio a conocer más de lo que yo pensaba.

Una muchacha siempre es curiosa.

Yo no tenía sospechas del amor, pero sí tenía su instinto. Miré varias veces para la calle, y no tardé en descubrir un joven que se paseaba en ella con frecuencia.

Camila estuvo seria conmigo todo el resto del día; yo me reía de eso. Por la noche apenas me había quedado dormida, cuando me despertaron los sonidos de una música. Me gustaba esta con pasión, y este gusto se desarrolló tan temprano en mí, que muchas veces en mi niñez, se habían valido de ella para aquietarme o reducirme. Yo escuché sin moverme: era una serenata, que el amante de por la mañana daba a Camila. Esta se levantó con precaución, creyéndome dormida, abrió la celosía y se puso al balcón. La seguí paso a paso, y me escondí por tierra, en el ángulo formado por el balcón y la pared. ¡Por esta vez mi pobre primita, estás cogida, y obligada a hacer confianza de mí, al menos en parte! La orquesta se componía de dos guitarras, una flauta y un clarinete. Uno de los tocadores de guitarra cantaba con voz dulce, algunas de aquellas canciones melancólicas que pintan perfectamente la índole del país. Aquellos sonidos melodiosos que herían mis oídos en el silencio de la noche, y cuando acababa de despertarme, me arrebataban. Inmóvil y con los ojos cerrados, todas mis facultades se hallaban concentradas en esta única sensación. Me creía en un sueño delicioso, y temía verle desvanecerse. Cesó la música y en el mismo instante vi, con la claridad de la Luna, un papel en forma de carta, venir por el aire, y caer sobre mí. Mi prima, muy ajena de suponerme allí, volvió la cabeza, se dirigió a donde había caído la carta, y creyendo recogerla del suelo, la recibió de mis manos... Se quedó turbada en extremo; pero no pronunciamos ni una palabra. Ella se volvió para adentro y yo también. Cuando estaba en la cama, alargué el brazo y presentándole la mano:

—Sin rencor, Camila —le dije—, buenas noches.

El rencor y la avaricia no son defectos peculiares a la juventud. Ella me abrazó de buena gana, y nos dormimos.

XVI

Fuimos en esa época los baños de San Antonio, donde experimenté un accidente, que estuvo a pique de serme funesto. Pasaba una parte del tiempo en el río; tomaba tres baños al día, acompañada de mis primas y de varias muchachas, amigas mías. Nadábamos, zambullíanos, y estos gustos se hacían más picantes con los juegos de destreza y malicia, que nos inspiraba la viveza de nuestra edad. Una tarde era excesivo el calor, y aunque el Sol se hubiese ya puesto, el color purpurino que había dejado, parecía comunicar a la tierra abrasada, una parte de sus emanaciones de fuego. Enjambres de cocuyos lucientes, elevándose repentinamente en el aire iluminaban en parte la atmósfera. El chillido monótono del grillo, y el zumbido de los insectos, se perdían a intervalos entre el sonido lejano y acompasado de la campana de la villa que tocaba las oraciones. Sorprendidas por la hora, salimos pronto del agua, y vestidas con mucha ligereza, el pelo suelto y mojado todavía, nos encaminarnos alegremente para la casa. Yo iba delante de mis compañeras, y me hallé al cabo de algunos instantes, en medio de un vergel cubierto de árboles frutales. Pasando por el lado de un caimito, no pude resistir a la tentación de trepar a él, para echar abajo un gran número de caimitos y regalar con ellos a mis amigas. Me arrojo sobre el árbol, y agarrándome de rama en rama, estaba ya en punto de alcanzar sus frutas, cuando sentí una impresión de frío, y una ligera cosquilla en una pierna. No llevaba medias: creí al primer momento que era calambre; pero una opresión súbita me obligó a llevar la mano para ella, y cogí la cabeza de una serpiente. Di un grito agudo; mis brazos se soltaron, el cuerpo se me fue hacia atrás, y caí sin sentido. No tardaron mis amigas en llegar; pero ya era de noche y pasaron por mi lado sin verme. Hubiera permanecido largo tiempo en aquel estado, a no ser por el instinto de mi negra Dolores, que habiendo reparado por el camino en uno de mis zapatos, me siguió por las huellas, y me encontró al pie del caimito acardenalada y casi inanimada... Me creyó muerta. Sobrecogida de espanto, me cargó y gritando y sollozando, me llevó hasta la orilla del río: allí después de haberme mojado las sienes, me volvió a la vida a fuerza de cuidados y caricias. La serpiente no me había mordido, y seguramente se desprendió de mi pierna con la sacudida repentina de mi caída.

XVII

Por el mes de noviembre fuimos a establecernos al campo; la finca de mi tía no estaba distante de la de Mamita, y sus tierras lindaban con las de mi padre: así es que me hallaba cercana a todo lo que amaba. Sin embargo por una singularidad que me cuesta mucho trabajo comprender, no se me permitía ver a Mamita. Después de mi huida del convento, se me había impuesto esta privación, como por castigo. Esta sujeción me era insufrible, particularmente después que la vecindad de Mamita hacía más fuerte la tentación.

Así, mi tía, que conocía mi carácter independiente y temía, quizás, que yo me escapase, dispuso que en mis paseos, fuese siempre acompañada por el capellán de la casa.

Fray Mateo era un fraile alto y muy grueso, que caminaba con bastante trabajo, principalmente después de comer. Este extraño compañero me molestaba mucho en mis paseos, y a veces me veía obligada a detenerme, para ayudarle a salir de los malos pasos en que le metía, sin conocerlo él. Siempre me dejaba la elección de los paseos con tal que no fuesen largos. Uno solo se me había prohibido hasta entonces; y era el camino que conducía a casa de Mamita. La fruta vedada tiene mucho atractivo: seguramente, yo deseaba con anhelo ver a Mamita; y es muy probable, que la idea de ir a su casa se hubiese presentado con menos frecuencia y menos placer en mi imaginación, sin la vigilancia que se me había impuesto.

Comíamos a las tres, y no era posible salir de casa, sino cuando el ardor sofocante del Sol comenzaba a calmarse. Un día, después de comer dormía la siesta fray Mateo, recostado en su butaca, y yo cosía, sentada junto a una ventana, enfrente de él. Dando algunas puntadas al acaso, observé desde luego su sueño, sin atreverme a interrumpirle; pero cuando juzgué que ya había dormido lo bastante para despertarse de buen humor, me puse a, cantar con voz suave, una canción del país, que a él le gustaba de preferencia, y que con frecuencia me hacía repetir en nuestros paseos. A cada copla miraba para fray Mateo, que despertaba por grados; abrió los ojos, tosió suavemente, mudó de postura y con el oído atento escuchó mi canción hasta el fin. Considerándole bien dispuesto:

—Fray Mateo —le dije—, el tiempo está hermoso, la brisa fresca y yo quiero pasearme.

—Pero no lejos —esta era siempre su primera condición.

—No lejos, no; vamos hasta el arroyo de los plátanos.

—¡Hum!

—No pasaremos de allí —hizo algunas observaciones, yo insistí.

—Estoy pronto —me dijo al fin—, pero no saldremos hasta que yo haya rezado las vísperas.

—Entonces será demasiado tarde; venga, venga usted conmigo, tome su breviario y las rezaremos entre los dos; aquí las recitará usted en voz baja, y en el campo las cantaremos juntos.

Fray Mateo no respondió; tomó su breviario bajo el brazo y nos encaminamos para el arroyo de los plátanos. Pero el arroyo de los plátanos atravesaba el camino, que conducía a la habitación de Mamita; las volantes le pasaban a vado, y los de a pie por una tabla. De allí a casa de Mamita había cerca de media legua, y parte del camino pasaba por las tierras de mi padre. Fray Mateo con el breviario abierto, apoyado en el pecho, la nariz muy sacada, guarnecida con un par de espejuelos, y caminando con paso grave, cantaba las vísperas con una voz vigorosa, y un tono nasal. Yo iba algunos pasos adelantada, y muy pronto llegué al arroyo. Hasta entonces no tenía yo ningún proyecto formado; pero estaba cierta de que iba a casa de Mamita. Y ¿cómo? yo no lo sabía. A orillas del arroyo vuelvo la cabeza, y ya Fray Mateo estaba muy cerca de mí; pero tan embebecido en sus oraciones, que no echó de ver que habíamos llegado al término convenido. Una idea me hirió como un rayo, y al punto la seguí. Después de atravesar de un salto la tabla, la empujé con el pie, y eché a correr como una corza. Apenas hube corrido un poco, creyéndome fuera del alcance de fray Mateo, no pude resistir a la tentación de mirar para atrás. Fray Mateo encolerizado, después de haber arrojado al suelo su breviario y sus espejuelos, con los brazos en cruz gritaba con más fuerza que cuando rezaba las vísperas. La tabla seguía velozmente la corriente, y yo, guiada por mi idea, corría siempre aunque con paso más mesurado. Viéndome en tierras de mi padre vacilé un momento; hubiera querido verle; pero, no estando cierta de que estuviese en su casa, continué mi camino, cuando de golpe oí ayes y gemidos. Atónita me detuve, miré a todos lados y nada vi; sin embargo, las quejas se oían siempre, y yo, dividida entre el temor y la compasión, me quedé inmóvil en medio del camino.

Se descubrían a la izquierda unos espesos matorrales cubiertos de pitahayas en flor y de aromáticos que embalsamaban el aire; a la derecha, cañaverales que se perdían de vista cortados por estrechos senderos, y algunos bohíos esparcidos acá y allá. Estos bohíos están rodeados de un corto cercado,[3] que el dueño concede a cada esclavo, y que este divide en dos porciones; la una forma su huerta, en donde cultiva muchas legumbres comunes, como el ñame, la yuca, &c.; la otra detrás del bohío está destinada a enterrar a los individuos de la familia del negro, y se llama la tierra bendita. En este terreno no se nota más que una palma a la cabeza de cada fosa, en la cual se grava toscamente el nombre del difunto; ni más planta, ni más flor, y la yerba que crece naturalmente, se corta en épocas determinadas, y se quema con un respeto

3   Conuco, término provincial.

religioso. ¡Los esclavos casi nunca cultivan las flores: todo lo que es placer en la vida, se halla tan lejos de su alcance, y aun de sus deseos! Esta idea me chocó desde la niñez, y después he pensado siempre que para cultivar las flores en cualquiera posición de la vida que nos encontremos, es necesario tener dentro de sí mismo una puntita de felicidad. Las flores son el lujo de los pobres; así es que yo no las he visto jamás entre las personas desvalidas, sin un cierto placer: el modesto pote de albahaca que adorna a veces la ventana de un quinto piso, me causa una sensación singular; me parece que me identifico con su propietario; penetro hasta en lo interior de sus afectos, y me digo: ¡a pesar de su pobreza, todavía está en posesión de un goce, no es enteramente desdichado!... Pero volvamos al camino en donde me había quedado inmóvil y entregada a mis observaciones. Al cabo de algunos instantes creí conocer que la voz que hería mis oídos salía de un bohío, que se descubría a poca distancia. Me dirigí prontamente a la cerca, que orillaba el camino, y vi, apoyada en una palma nueva, a una negra que lloraba a lágrima viva y repetía gritando: ¡Alkana-á! ¡Alkana-á![4] Al ruido que yo hice para apartar la cerca, alzó los ojos para verme, y arrojando un grito, cayó sobre la tierra recién movida... Se levantó al punto una polvareda, que cayendo nuevamente sobre ella, la ocultó en parte a mi vista, Este espectáculo, estando aun muy agitada con la osadía de mi travesura, me causó el mayor terror: sola, en medio del campo, y todavía muy distante de cualquiera habitación, ¿qué haría? Pensaba que la negra estaba muerta; ¿y si no lo estaba? Tomé el partido más pronto, salté por cima la cerca; pero yo no había calculado más que la distancia, y no los inconvenientes de la escalada. Las cercas, en aquel país, están formadas con tunas y piñones; yo tenía por toda defensa un vestido de muselina, que me dejaba

4   Hijo mío, en lengua carabalí.

descubierto el pecho y los brazos, no llevaba medias ni zapatos, los había perdido en el camino, según costumbre en mí. No tardé en sentir unos vivos dolores, pero me acuerdo muy bien, de que no tuve, ni por un instante, la idea de retroceder; cubierta de mil picadas, pude al fin pasar la cerca. En el primer momento no me atreví a aproximarme a la negra, y dando algunos pasos hacia el frente del bohío, me puse a gritar con todas mis fuerzas; pero nadie respondía en mi angustia; los negros no habían vuelto del trabajo, y el silencio del campo no se interrumpía sino por el mugido de las boyadas que pasaban a lo lejos. Entonces, a pesar de mi repugnancia, o mejor dicho, de mi miedo, me llegué a la desventurada negra, procuré levantarla, y reconocí ser nuestra esclava Cangis. El nuevo interés que me inspiró, vino a aumentar mi ánimo; corrí al bohío, no encontré agua en él; pero sí un güiro lleno de Zambumbia: le regué con ella la cara y me apercibí de que todavía respiraba: ella volvió en sí con lentitud, y cuando le pregunté repetidas veces la causa de su aflicción, su respuesta única era Alkana-á, Alkana-á; y cogiendo con sus manos de la tierra sobre que estaba acostada, la llevaba a su boca con una expresión apasionada y unos gestos de desesperación. Ella hablaba el español bastante bien; pero no pronunció una palabra en este idioma. Parece que en los grandes pesares ocurrimos a nuestra lengua nativa, a la manera que nos refugiamos en el pecho de un amigo... Creí por algunos instantes loca a mi negra; mas no tardé en comprender la causa de su abatimiento: había perdido a su hijo, y se quedaba sola y esclava.

Al cabo de rato oí el ruido de un carruaje; era la volante de mi tía, que corría a buscarme en casa de Mamita. Ya era muy tarde para continuar a pie mi camino; hice parar la volante, y que me condujese a la invitación de mi tía.

Inquieta la familia, me esperaba reunida en una galería que daba sobre el camino. No tardé en verlos a todos, y asustadísima con la recepción solemne que me esperaba, me aproveché de un momento en que la volante pasaba por un bosquecillo de plátanos, salté fuera de ella, y me oculté entre las anchas hojas del platanal, mientras el negro Tadeo, creyendo conducirme siempre, continuaba tranquilamente su camino, al trote suave de su mula.

Llega la volante, vienen a mi encuentro grande alboroto... nadie en la volante... Tadeo asegura que estoy en ella, lo disputa, se impacienta, se apea de su mula, y viene en persona... Mas, se queda confuso junto al estribo, y sin poder responder a las diversas preguntas que le hacen. Nadie sabe qué pensar, qué hacer; todo el mundo habla a un tiempo; cada uno da su opinión, nadie la sigue.

La confusión estaba en su colmo y la bulla continuaba, mientras yo, después de haberme introducido en la casa, sin ser vista, por una puerta trasera, me acosté sin ruido en mi cama.

Ya empezaba a disgustarme de mi calaverada, y a sentir la inquietud de que era causa; con todo eso, cuanto más temía haber llevado tan adelante mis travesuras, tanto menos me atrevía a hacer frente a las reconvenciones. Al cabo de algunos instantes sentí gente en mi cuarto, y oí una voz lastimera que decía:

¡Jesús María! ¡qué será de ella!

Era Dolores. No pude resistir a su pena, y sacando la cabeza fuera de la cama, le dije en voz baja: No tengas cuidado, aquí estoy; ve a decirlo allá abajo; pero no dejes subir a nadie.

Al día siguiente todo estaba más sereno; ofrecí no volverme ausentar sin permiso; pero a condición que no volvieran a ponerme bajo la vigilancia de fray Mateo. Cumplí mi palabra.

XVIII

Regresamos a la ciudad; mi padre iba a verme con frecuencia, y yo observaba que mi presencia y mis caricias se le hacían cada día más necesarias. El rigor que había usado conmigo no dimanaba de él; era incompatible con su carácter. Mi edad me aproximaba tanto a la suya, que muchas veces se le hacía difícil, estando en mi compañía, desempeñar el papel que se proponía representar. Había reconocido el yerro que le obligaron a cometer, y descubrió al fin, las intenciones que movían el celo de mi abuela. Pero mi padre no podía confesar su injusticia delante de mí, y si yo adivinaba sus pensamientos, era por el aumento de cariño y los extremos que veía en él. Se resolvió, por último, a llevarme para el lado de mi madre; pero habiéndose retardado el viaje algunos meses, me condujo a su casa, ínterin llegaba aquel momento.

Ya me tienes de nuevo en casa de mi padre; me volví a ver en ella más dueña de mí misma que nunca. El primer uso que hice de mi libertad fue visitar a Mamita, y todo el tiempo que estuve en La Habana, no dejé de verla un solo día. Pasaba la vida dulcemente, pero en una ociosidad completa. Me hallaba sin guía y rodeada siempre de una numerosa sociedad. No aprendía nada, y apenas sabía escribir. No se me imponían ningunos quehaceres, ninguna ocupación. El tiempo le empleaba como más le acomodaba a mi voluntad. Esta ociosidad hubiera podido serme funesta; pero la actividad de mi imaginación, en vez de aumentar el peligro, le alejó, apoderándose de mi inclinación natural a la observación.

No era aplicada al estudio, y nadie se había dedicado a inspirarme su gusto. Pero tenía ambición de aprender, y a falta de una instrucción teórica, miraba todo lo que tenía en derredor. Un filósofo hubiera dicho en mi lugar: el mejor libro es el estudio del mundo. Yo no lo decía, ni aun lo sospechaba; pero practicaba esta máxima sin pensarlo. Me detenía en todo, porque en todo hallaba interés; y desde la naturaleza, aquella naturaleza virgen, que me vio nacer, hasta las extravagancias y ridículos de los que me rodeaban, de todo sacaba provecho.

El resultado de mis observaciones, o mejor dicho, de mis descubrimientos era con frecuencia exacto, algunas veces maligno, y siempre exento de aquel resto de amargura que comúnmente es una consecuencia de los engaños y de la injusticia de los hombres. Mi modo de apreciar los objetos podía resentirse de mi falta de experiencia; pero mi juicio estaba libre de toda especie de influjo y de violencia; no se había guiado por el dechado de opiniones ajenas, ni se había formado con la lectura; así es que adquirí un modo de juzgar a los hombres y a las cosas, que me era enteramente peculiar, y que habrá granjeado a menudo un colorido de originalidad. Y cuando después he hallado en el mundo personas, cuyo voto me ha lisonjeado, he sentido mucha satisfacción, pero no vanidad. Encontraba en su aprobación la confirmación de haber adivinado con precisión, y en esto hay mucho más provecho que mérito.

XIX

La actividad y los goces de la vida no comienzan en La Habana, sino al acercarse la noche. El peso del Sol, durante el día, los tiene a todos envueltos en una dulce languidez; y no se ha verificado, a lo menos que yo sepa, que un habanero haya dado veinte pasos en la calle a mediodía. Para preservarse del excesivo calor, en lugar de cerrar herméticamente las puertas y ventanas, como se hace en el sur de Europa, se abren todas las entradas, proporcionándose de este modo la más suave corriente de aire. Las casas están construidas a este intento: no tienen más que un piso: el patio es cuadrado y espacioso, rodeado por cuatro galerías, en las cuales se dejan caer unas cortinas de lienzo, en medio del día. A estas galerías tienen salida unos salones inmensos y muy elevados, seguidos unos a otros, y cuyas puertas grandes, trazadas en linea recta, dejan penetrar la vista desde uno a otro extremo de la casa. Los cuartos de dormir son tan vastos como los salones; en el mismo orden y no se distinguen, por la mayor parte de aquellos, sino es en el ornato de una cama, ricamente colgada, y de la cual se sirven rara vez. Este es un mueble de respeto, reservado para las grandes ocasiones. Por las noches se tiende en medio del cuarto una modesta cama, o catre de lienzo, sin colchones, y suavemente acostados en ellas, cubiertos con mucha ligereza, se duermen con las ventanas abiertas, a la claridad de la Luna, o de las estrellas.

Antes de entregarse a este descanso se goza anticipadamente de él, de un modo original, y que merece referirse. Cada país tiene sus gustos y sus necesidades. Los unos son amantes de la música, otros de los licores fuertes. Aquellos se hallan bien en la esclavitud, estos con la libertad. En cuanto a nosotros, el aire es lo que ansiamos, y este gusto aunque muy simple no siempre es fácil de satisfacer: Por eso es que le acompañamos de una especie de delicadeza voluptuosa.

Después de una cena muy alegre, se sube a la volante, y después de haberse colocado en ella con toda comodidad, se hacen conducir al paseo, que consiste en describir cierta vuelta por calles determinadas, que se repite muchas veces, y mientras tanto, se duerme tranquilamente, respirando con deleite el aire delicioso de la noche, de que solo se goza en aquel país. Al fin se despiertan por una casualidad, y volviéndose a sus casas, se meten en sus camas muchas veces en el corto intervalo de un sueño a otro. Enseguida de estos paseos, he pasado yo unos momentos muy agradables. No hallándome dispuesta a dormir, cuando volvía de ellos, despedía a mi criada, y después de haber apagado la luz, me ponía al balcón. La parte que yo habitaba en la casa caía al mar. El terreno que la separaba de él, formaba un declive suave y recibía en tiempos señalados el choque de masas enormes de agua, que viniendo a romperse en él, ya con furor, ya con un mugido prolongado me sumergían en aquella vaga meditación, cuyo encanto es producido por no sé qué mezcla de tristeza y expansión; mezcla feliz que confundiendo los dos grandes resortes del alma, la pena y el placer, embota sus tiros y los pone más en armonía con nuestra flaqueza. ¡Atraída por aquel hechizo irresistible permanecía horas enteras en el balcón, con el silencio de la noche, contemplando aquel vasto elemento, menos vasto todavía, que mis ilusiones y mis esperanzas! ¡Recuerdo feliz de mis primeros placeres! después los he gozado más vivos, pero nunca tan dulces. Mi alma se lanzaba entonces en busca de vida sin temor ni desconfianza. No me podía explicar lo que experimentaba, pero sentía mi existencia, y era dichosa en vivir. Empero, con estas impresiones de felicidad, se mezclaba muchas veces un cierto movimiento de temor inexplicable, que podría compararse con aquellos puntos negros en un cielo puro, que aunque invisibles en un principio presagian muy cerca la tempestad.

XX

Habíase criado mi padre bajo la influencia de las ideas aristo-
cráticas, y llevaba a un grado caballeresco el sentimiento de
los deberes que impone un nacimiento ilustre; pero su buen
sentido le preservaba de toda necedad, y su alma era muy
elevada para hacer sentir, a quien quiera que fuese, el peso
de su orgullo de noble. Sometiéndose a las ideas que había
adoptado, obraba como hombre generoso, que conoce mucho mejor sus deberes, que sus derechos.

En su cuarto de despacho tenía un árbol genealógico, que
se complacía en enseñarme en mi infancia. Me parece todavía verle sentado, cerca de una gran mesa con una enorme
cafetera a un lado (a todas horas tomaba café), y del otro
muchas monedas mezcladas sin orden, que distribuía como
gragea, y que jamás contaba; muchos papeles esparcidos aquí
y allí, el árbol genealógico enfrente, y yo sobre sus rodillas,
oyéndole y encontrando en mi entendimiento infantil tanta
dificultad en comprender aquella casualidad, que me elevaba
de aquel modo al nacer, cuanta repugnancia había tenido en
concebir la idea de la esclavitud.

Mi padre hacía tan buen uso de su caudal, que nadie se le
echaba en cara. Daba mucho a los pobres, festejaba a los ri-
cos, y todo esto con tanta sencillez y generosidad, que todos
quedaban contentos, así el ingrato, como el orgulloso; dis-
pensando al uno del agradecimiento, y dejando creer al otro,
que lo que recibía, se le debía. Este carácter le ponía cubierto
de la envidia y de la malevolencia; con todo eso se atraía por
su facilidad más que otro, aquel cerco de corazones tibios,
que se llaman amigos, verdadero séquito de la prosperidad.

Aunque bien joven, sabía yo apreciarlos en su valor, y con
frecuencia, cuando en medio de una comida delicada gustan-
do alternativamente de licores exquisitos alababan al mismo

tiempo la excelencia de los vinos y el mérito de mi padre, no se sospechaban de que una niña los observase y se dijese interiormente: «Mañana, con la cabeza reposada, y lejos de aquí, juzgarán a mi padre con más severidad». No creo, sin embargo, que sus elogios estuviesen desprovistos siempre de buena fe porque he observado después, que cuando los hombres se reúnen con el objeto de los placeres, su primer movimiento es siempre bueno; este es un momento de felicidad, y la felicidad los hace mejores de lo que son. La esperanza del goce, y el mismo goce, dilatan el alma, y excitan un sentimiento inmediato de gratitud hacia el que nos le proporciona. Esta disposición se comunica como una chispa eléctrica, y, lo que sucede por rareza, ¡cuando solo queda su memoria, somos dichosos entonces en practicar la benevolencia prodigando los elogios.

XXI

El momento de emprender nuestro viaje se acercaba ya; la idea de separarme de los objetos de mis primeros afectos, me entristecía; pero me hallaba en aquella edad en que el deseo de nuevas emociones es más poderoso que el imperio de los hábitos; en que la vida, como un carro en un declive rápido, es arrastrada por su misma fuerza hacia un punto desconocido.

¡Dichoso aquel que va muy lejos antes que los resortes gastados de su alma, le obliguen a detener su carrera! ¡Más dichoso todavía, aquel que pudiendo moderar el paso, llega tranquilamente al término sin haber sido derribado ni maltratado! A medida que se aproximaba el momento de partir, se apoderaba de mi imaginación la idea de mi madre: siempre tenía fijo los ojos en su retrato; creía verla; no me faltaba más que el sonido de su voz. ¡Madre mía!... repetía yo de quedito. ¡Cuán dulce me parecía este nombre! ¡Cuántas sensaciones nuevas me hacía experimentar! Sería necesario para comprenderlas, haberse visto privada como yo de ese sentimiento, que nada puede reemplazar en la niñez y haberle gozado por primera vez en la edad en que comienza a sentirse la necesidad de amar. A mi ternura filial no había precedido aquella dulce graduación del instinto y de la necesidad, y tomó desde luego un carácter más pronunciado. Después de adquirir la certeza de aproximarme a ella, me ocupaba sin cesar de ella. Mi padre me quería; yo era feliz junto a él; pero me parecía que mi lugar debía ser al lado de mi madre.

Debíamos aprovecharnos para nuestra marcha de una escuadra de ocho navíos de línea, que iban a partir para Cádiz. El almirante que la mandaba era amigo de mi padre, y se alegraba mucho de conducirnos. Muchas veces me complacía en admirar desde mi balcón aquella armada naval que se ostentaba a mi vista, y que a la primera señal debía llevarme tan lejos. La veo todavía ocupando el centro de la bahía, circundada de una infinidad de buques de diferentes pabellones de todas naciones. Un enjambre de barcas pescadoras se deslizaban rápidamente allá y acá, se perdían de vista y volvían a aparecer. La mar brillante con el resplandor del día, no se veía agitada sino con un suave movimiento, que podría haberse tomado como una señal de placer, y que devolvía al Sol escintilando, las partículas de luz, que él le lanzaba. Volviendo la vista a la derecha se encuentran avanzando majestuosamente, los árboles gigantescos de todas formas y de todos colores del jardín público. Debajo de mis ventanas percibo aquella arena fina y reluciente cubierta de mil conchitas, que la marea deposita diariamente en ella.

Más lejos, la inmensidad del cielo y del mar se confundían juntas en mis miradas... Cuando recuerdo todo esto, imagino respirar aún, aquel aire suave de mi país, cuyo dulce calor se apodera de mí, me penetra, y excita una deliciosa mezcla de vigor y languidez...

¡Poder de la imaginación! ¡dulce magia! yo te doy las gracias. Si en tu rigor semejante a un aguijón emponzoñado, has irritado las penas de mi vida, en tus momentos de munificencia, más breves, es verdad, me lo has recompensado con largueza.

XXII

Antes de partir había manifestado a mi padre deseos de re-
conciliarme con mi tía, la monja. Yo no la quería mucho, pero
ella me había prodigado sus cuidados, y sentía en el fondo de
mi corazón lo que le debía. Tal vez me impelía ir al convento
el deseo de volver a ver a mi amiga. Vana esperanza, fui reci-
bida por mis tías y algunas novicias; mas ella no pareció, ni
se pronunció su nombre. Me acompañaba siempre el temor
de que ella no tuviese bastante confianza en mi juventud. Yo
ansiaba por participarle mi marcha, y prometerle de nuevo
el cumplimiento de su voluntad; pero reprimí este deseo por
miedo de perjudicarla, y dejé a Dios el cuidado de consolarla,
con alguna vislumbre de esperanza, inspirándole confianza
en mi amistad. Experimenté entonces, lo que muchas veces
he sentido después en el curso de mi vida; la necesidad interior de establecer un lazo invisible, capaz de comunicar con
su pureza natural, mis sentimientos y mis intenciones. Esta
necesidad es tanto más viva en mí, que cuando mi alma está
afectada por un sentimiento bueno en favor de otro, le recibo
con una especie de regocijo que le aumenta más todavía, y me
hace transmitirle. Esta disposición depende en mí, del mérito,
exagerado a veces, que doy a la benevolencia y al afecto de
los demás, y jamás he concebido un bien más apetecible, que
la convicción íntima de ser amada. Quería, cuando saliera de
La Habana, no dejar a nadie descontento de mí, y mientras
mi padre se ocupaba de los preparativos del viaje, yo arre-
glaba los negocios de mi corazón. No tenía otras deudas que
pagar más que las de la gratitud. Omito estos pormenores,
Leonor mía; solo hablaré del último. El recuerdo de nuestros
pasados placeres no excita en nuestra alma sino pesares; el
de las penas los renueva; sucede a veces que nuestros goces y
nuestros dolores, mudando de naturaleza en el intervalo de

su duración, no se representan después en la imaginación, sino como unos cuadros antiguos medio borrados y alterados por el tiempo; pero cuando la memoria nos transporta hacia el poco bien que hemos hecho, volvemos a encontrar la sensación dulce, viva, y en un todo como fue antes. Se diría que siendo más pura la fuente, recibe un rayo divino que le impide alterarse.

Mi nodriza era una arrogante negra, cuya alma más bella que su color, era susceptible de sentimientos nobles. Esta mujer me tenía una afición muy tierna. Cuando me despechó, se le dio la libertad, según costumbre del país; pero ella la rehusó, prefiriendo al primero de los bienes, la esclavitud que la ligaba a la casa de mi padre y a mí. Partiendo para Madrid era forzoso separarnos a causa de sus hijos, que era preciso llevar, o abandonar. Su abatimiento me afligía; y sentada muchas veces en sus rodillas, lloraba, queriendo consolarla.

En fin, no sin trabajo conseguí de ella, que consintiese en recibir su libertad. Pero sus hijos se quedaban esclavos y ella no poseía nada sobre la tierra. Pensé que el presente que iba a recibir, más sería una carga que un beneficio. La pobre mujer, apenas se ocupaba de esto, y se limitaba a repetir en su aflicción: «¡Usted irse y yo quedarme!». Un día que ella componía mis baúles, contemplaba yo el esmero con que preparaba todo lo que podía serme necesario. Parecía que ella quería agotar su tierna solicitud en el último servicio que me hacía: colocando los objetos destinados a mi uso, los doblaba, tocando y apartando con sus manos, con una especie de gozo, todo aquello que debía servirme, como si hubiera querido imprimirles su memoria. Se podría decir que hallaba un consuelo en prolongar un trabajo, que me la hacía útil por más largo tiempo. Una idea me asaltó al golpe... Es tan excelente que salto alborozada, y dando botes entre todos aquellos paquetes, corro al cuarto de mi padre, me siento en sus rodillas, y echándole un brazo al cuello:

—Papá —le dije—, tengo que pedirle a usted una gracia. Usted le da la libertad a Mama Dolores; se le debe de justicia, porque me ha criado; pero sus hijos se quedan esclavos..., regálemelos usted.

—Muy bien —me dijo mi padre—, ¿pero qué vas a hacer con ellos?

—Dársela también.

—¿Y qué será de ellos?

—Señáleme usted algunas caballerías de tierra, fíemelas usted y los haré felices antes de partir.

Abracé a mi padre, y logré, de él todo lo que deseaba.

A los ocho días se hallaba construido un bohío espacioso y cómodo, contiguo a cuatro caballerías de tierra buena, sembrada ya de tabaco. Yo había empleado en estos trabajos una parte de los negros de nuestra finca. Ayudada por Mamita, compuse un ajuar de casa completo, sin que faltase ninguna menudencia. Mi pobre nodriza no tenía ni sospechas de la dicha que le aguardaba. Cuando todo estuvo concluido, dije a Dolores que íbamos a pasar dos días al campo, y que me llevaría a sus hijos. Mi padre quiso gozar de aquella escena.

Partimos; mi corazón rebosaba de júbilo. La emoción que experimenté por el camino, estuvo a pique de descubrirme a cada instante. Por último, llegamos... Paso en silencio la admiración y la alegría de mi nodriza, pero le aguardaba el más hermoso presente para el fin. Después de habérselo enseñado todo: —¡Mama Dolores —le dije—, ya estás muy contenta! pues todavía tengo otra cosa mejor que darte...

—¡Yo no querer nada más; yo ser demasiado dichosa para quedar sola! —y sus lagrimas corrían.

—Ven, ven —llevándola para donde estaban sus hijos, y llamándolos hacia ella—. Toma —le dije—, son míos, yo te los doy...

Me había reído hasta entonces de su sorpresa y de sus exclamaciones; pero en aquel instante me puse a llorar a lágrima viva, y mi padre tuvo algún trabajo en tranquilizarme. Al ver los transportes de mi pobre nodriza, se hubiera creído que había perdido el juicio. Cuando la educación no ha enseñado a reprimir o moderar los signos exteriores de las impresiones del alma, estas se manifiestan por medio de unas exclamaciones tan estrepitosas y exageradas, que a menudo podrían causar engaños; tomarse el placer por pena, y la pena por placer. Aquella pobre Dolores abrazaba alternativamente a sus hijos y los levantaba en el aire, llorando y riendo a un tiempo. Empero, su felicidad no era completa, y a cada rato, en su delirio, me miraba y repetía...

—¡Pero usted irse y yo quedarme!

XXIII

Llegó el día de mi partida. Me despedí de Mamita la víspera por la noche, y esta la pasé en llanto. Al día siguiente con el más hermoso tiempo del mundo, nos embarcamos en una falúa, acompañados del general y de algunos amigos. Nos dirigimos al navío de la insignia, que ya estaba en alta mar, y fuimos saludados en nuestro tránsito con salvas de artillería, que partían alternativamente de cada uno de los navíos que dejábamos por detrás.

Impelida nuestra barca suavemente por una brisa ligera, hendía las olas, todavía agitadas por la marea. El ruido del cañón, las voces de los marineros, el movimiento variado de las velas y aparejos, me hubiera presentado por su novedad, una agradable distracción, a no ser por la profunda tristeza que se había apoderado de mí.

Alejándome de mi país, dejaba todo lo que me había amado, todo lo que yo había amado hasta entonces, y sentía ya en aquella edad en que los hábitos tienen tan pequeñas raíces, cuán doloroso es para el alma el paso que separa las afecciones pasadas de las nuevas. Es verdad que yo amaba todavía a los parientes y amigos de quienes me alejaba; pero mi corazón me decía que la inmensa distancia que iba a separarnos, debilitando nuestras relaciones, solo me dejaba de ellos la memoria y el agradecimiento, y que mi felicidad iba a depender en lo adelante de un nuevo séquito, que me juzgaría con la severidad de la indiferencia, y cuyo afecto no me granjearía, sino en cuanto poseyera el don de agradarle.

Nos pusimos al costado del navío de la insignia: nos arrojaron un cable y tocamos al buque. Se me propuso para subir la escala o la silla: yo preferí esta última, aunque más terrible, porque hallaba una especie de gusto en fiar a otro el cuidado de mi existencia.

Nunca he sido pusilánime; pero poseo en grado eminente aquel instinto mujeril que me induce a desconfiar de mí misma, y a confiar de los demás.

Siento en mi debilidad que he nacido para ser protegida. Nunca me han espantado los peligros, de cualquiera naturaleza fue sean, cuando he hallado una mano benéfica que me sostenga, o la voz de un amigo que me consuele. Dimos la vela en medio de un alboroto terrible de aclamaciones, cantos, músicas de viento y cañonazos. Se diría, que al momento de emprender unos viajes tan largos y siempre peligrosos, los marineros así como los soldados, antes de principiar una batalla, procuran aturdirse, embriagándose con ruido. En cuanto a mí, aunque novicia para el peligro, nada me intimidó, y me embarqué lo mismo que si hubiera entrado en volante. ¡Apoyada en la balaustrada de popa, fijos los ojos en la ciudad, la vi alejarse, oscurecerse, y últimamente desaparecer! Ya entonces no descubrí en derredor mío, sino la inmensidad del mar y del cielo. No tenía miedo, pero recapacitando en mí misma, me sobrecogió el sentimiento de mi debilidad y empecé a llorar; se me prodigaron los más tiernos cuidados, y volví a encontrar mi acostumbrada serenidad.

XXIV

Mi padre llevaba a bordo para su servicio un ayuda de cámara francés, un negro, que era un coloso de seis pies, su mujer destinada a servirme, y dos chinos jóvenes para subir detrás del coche.

Pasé los primeros días padeciendo mucho por el mareo, y en todo este tiempo fui el objeto de las más delicadas atenciones de parte del almirante. Las personas que lo rodeaban, se empeñaban en seguir su ejemplo, empleando todos los medios posibles para tributarme obsequios y para distraerme; me veía otra vez destinada a ser consentida.

Al cabo de algunos días me hallé mejor; sin embargo, me fastidiaba mucho. El estado mayor del almirante se componía de muy buenos sujetos, y aun se hallaban en él muchos jóvenes que yo conocía; pero me aproveché poco de su sociedad, no porque yo estuviese mortificada, ni intimidada por ellos, tenía mucha inocencia y libertad para eso; sino que aunque privada de los consejos de una madre, un instinto natural me inspiraba aquella reserva, cuya razón no conocía. Por otra parte, mi padre no se apartaba de mí casi nunca, y me cuidaba con el mayor extremo. Se juzgará de esto por la anécdota siguiente, que yo no comprendí enteramente entonces, y que después me ha hecho reír varias veces.

El segundo comandante del navío, joven, amable y melancólico, era instruido y hablaba bien. Me quejaba un día de haber agotado mi corta librería, y manifesté deseos de continuar el estudio de la lengua francesa, que ya empezaba a leer regularmente. El capitán García me ofreció las tragedias de Racine, único libro francés que tuviese a bordo, y me propuso acompañarme a leerlas y traducirlas. Lo acepté gustosa. Tenía tan pocas ocupaciones, que dediqué a esta la mayor parte del tiempo para desterrar el fastidio. Yo daba mis lecciones en la galería de popa, lugar de reunión general, y nunca a solas. Tanto en las lecciones, como en cualquiera otra parte, las miradas del capitán me turbaban, pues que él no fijaba los ojos en mí como otro. Yo no sé qué arte se daba, pero él llegó a hacerme creer, sin decírmelo, que tanto de lejos como de cerca, no pensaba más que en mí, ni se ocupaba sino de mí. Yo no le amaba, pero le agradecía sus atenciones. Me hacía traducir un día algunos pasajes de Andrómaca. Estábamos en el lance en que Hermione da orden a Orestes de matar a Pirro, cuando me dijo en voz baja, temiendo que la oyesen:

—¿Concibe usted un sentimiento tan poderoso, que pueda arrastrar a un crimen semejante?

—No lo sé; pero me parece que sin concebirle, le temo tanto como la fiebre, o la locura.

—¿Pero no se conmovería usted por haber inspirado un afecto tan vivo aunque sin ponerle a una prueba igual?

Yo guardé silencio, y me salieron los colores a la cara, no porque entendiese la malicia de sus preguntas, sino porque un movimiento interior me advirtió de que eran intempestivas. Mi padre nos observaba, y luego que me acerqué a él, me preguntó el objeto de la conversación que había interrumpido nuestra lectura. Yo se le referí con sinceridad, y no se volvió a hablar más de eso.

A la noche siguiente me despertó un ruido extraño. Puse atención y conocí por el período regular y monótono del sonido, que alguno roncaba cerca de mí. Tenía luz: mi puerta no cerraba muy bien; me acerqué a ella, y vi a Felipe, nuestro negro atleta, que dormía atravesado delante de la puerta de mi camarote, como un gran perro de Terranova. Desde aquel día hasta la conclusión del viaje, no tuvo otro sitio para dormir.

Hallándonos en la altura de las islas Azores, fuimos una noche acometidos por un viento impetuoso, que nos amenazaba con una fuerte tempestad. El almirante con aquella serenidad que prueba el hábito de semejantes peligros, daba unas órdenes que se ejecutaban con la celeridad del rayo. Toda nuestra esperanza descansaba en él, y convencido por esta responsabilidad, de su poder, redoblaba sus esfuerzos y su valor. Las ráfagas de viento eran tan violentas, que temíamos a cada instante desarbolar; y nuestro gran navío de tres puentes, como una ligera pelota lanzada por una mano vigorosa, se elevaba a una prodigiosa altura y volvía a caer, sin dar bote en un profundo abismo. El ruido grave y amenazador de fuertes olas que chocaban entre sí, no se interrumpía sino por el sonido discordante de los motones y por algunas palabras secas y breves que pronunciaba el almirante con voz entera. La grande oscuridad de la noche daba nuevo horror a nuestra angustia, y la viva claridad de los relámpagos rompiendo su velo, manifestaba a nuestros ojos atónitos, nuestra pequeñez y el grandor de la naturaleza... ¿Cual es ese motor secreto que nos da fuerzas para sostener una lucha igual? ¿Y como el hombre que por su destreza y su valor puede domar a los elementos, le vemos tan débil, y aun más que un niño cuando se halla agitado por una pasión?... Aquel valiente general, que me pareció tan grande entonces, murió después de pesar por la perfidia de una mujer, a quien amaba locamente.

Al rayar el día se calmó el viento, el mar volvió a su nivel, y todo entró nuevamente en orden y reposo. Uno solo de nuestros navíos, el San Francisco de Paula, sufrió muchas averías, y se vio obligado a arribar a la Tercera.. No llegó a su destino, sino doce días después que el resto del convoy.

Doblamos el cabo de San Vicente, y a los tres días nos hallamos a la vista de Cádiz.

XXV

Esta ciudad se presenta de una manera encantadora por el lado del mar. Sus casas blancas como el alabastro, su asco, su regularidad, sus miradores de un cristal transparente, y sus azoteas guarnecidas de flores, todo concurre a darle un aire de festividad. Podría decirse que la habían edificado expresamente, elevándose en medio de las aguas, para ofrecer los placeres de la vida a los pobres navegantes, que después de largas privaciones, llegan a sus orillas hospitalarias. Así fue que el regocijo de la tripulación se manifestó del modo más estrepitoso.

Nos desembarcamos y nos hospedamos en casa del general M. y su mujer, relacionados con nuestra familia. Mi padre se detuvo algunos días en Cádiz, para que yo viese la ciudad. Todo era nuevo para mí y creo que yo producía el mismo efecto en las personas que me rodeaban.

A los once años ya había llegado a todo mi tamaño, y aunque muy delgada estaba tan formada, como cualquiera otra a los dieciocho. Mi color de criolla, mis ojos negros y animados, mi pelo tan largo que me costaba trabajo sujetarle, me daban un cierto aspecto salvaje, que se hallaba en relación con mis disposiciones morales.

Apenas sabía leer y escribir, y raciocinaba sobre todo con acierto, y muchas veces con precisión. Viva y apasionada con exceso, no vislumbraba la necesidad de reprimir mis emociones y mucho menos la de ocultarlas. Franca, confiada por naturaleza, y no habiendo tenido nunca sujeción, desconocía el disimulo, y tenía tanta aversión a la mentira como al mal. Con un carácter de una independencia indómita para los indiferentes, y condescendiente sin límites con las personas a quienes me aficionaba; sensible en extremo al placer de ser querida, hubiera llorado todo un día, si el menor nublado de descontento, hubiese aparecido en el rostro de mi padre. Estas disposiciones de una naturaleza vigorosa, no habían sido modificadas por la educación; al contrario, habiéndose desarrollado con fuerza por su libre ejercicio, daban a mi genio unos cambiantes muy marcados, ya de viva alegría... o ya de tristeza, según lo que me afectaba; y algunas veces, como para probar la vida en toda su fuerza, me veía apoderada de estas dos impresiones a la vez. Este conjunto a la edad de once años debía, seguramente, causar sorpresa en Europa, y presentaba todo el atractivo de la novedad.

Había en casa de la señora M. una bonita viuda, íntima amiga suya, que me cobró mucha amistad, y me acompañaba a todas partes, al baile, a la comedia, al paseo, de nada se olvidaba. Yo me divertía con todo, excepto en las grandes comidas con que nos abrumaban, porque a la conclusión de ellas veía, un espectáculo que me chocaba. Unas mujeres jóvenes, llenas de encantos, durante la comida, se colocaban inmediatamente después alrededor de una mesa, y allí arriesgaban en los juegos de azar, una parte de su caudal. Muchas veces se me hacía reparable el cambio de sus facciones, tan graciosas un momento antes, y ahora contraídas y alteradas por una expresión de avaricia, que me las hacía horribles. Siempre he sido opuestísima a las mujeres que hacen demasiado aprecio del dinero. Me parece que este defecto es impropio en nuestro sexo; y cuando le he notado en algunas, me he avergonzado de él, como de una falta de pudor. Estando concentrada nuestra existencia, por su naturaleza, en los afectos del alma, nuestras inclinaciones, y aun nuestros defectos deben ser generosos y elevados, como la fuente de donde emanan.

XXVI

Marchamos para Madrid, y mi nueva amiga se me había aficionado tanto que lloró cuando nos abrazamos por la última vez, como si nuestro conocimiento fuese de una época más lejana. Ella era tan bonita, tan alegre, tan complaciente, que jamás la he olvidado, y su imagen se me ha presentado algunas veces en la vida, como la de un hermoso meteoro, cuyo hechizo hubiese durado pocos instantes para no aparecer más.

Nos detuvimos tres días en Sevilla, rica capital, muy poblada, y de calles angostas, donde se encuentran monumentos muy notables con respecto a las artes, pero que yo no estaba en aptitud de apreciar.

Recorrí seguidamente esa hermosa Andalucía, tan alabada, y me pareció bien pobre, recordando a mi país ¡Qué pequeños me parecían aquellos tristes olivos, cuando los comparaba con los gigantes de nuestros bosques! ¡Qué míseros naranjos, que mezquinos limoneros! Casi experimentaba, al verlos, las misma impresión que cuando entro en el día en un invernáculo. Supe con admiración el medio de que se valen en Europa, para proporcionar a la tierra esterilizada un nuevo vigor, y suspiré al pensar en aquella vegetación virgen y potente, cuya rica profusión se renueva de continuo sin esfuerzos. Muchas veces en mis juegos, me entretenía en hacer ensayos, arrojando sobre la tierra semillas de todas clases, que ya encontraba nacidas al día siguiente.

Permanecimos tres días en Aranjuez donde estaba la Corte. Interin mi padre cumplía con sus visitas de etiqueta, recibí yo a muchos amigos de mi madre. En el interés con que me examinaban, adivinaba su intención de transmitir a mi madre noticias sobre mi persona. Por primera vez sentí el deseo de agradar, y, cosa nueva, el amor filial produjo en mí el primer germen de coquetería.

Seguramente habían de llegar a mi madre, antes que yo, algunos elogios acerca de mi persona: este era un buen pasaporte: mi espíritu femenino me lo decía en silencio.

XXVII

Llegamos a Madrid al cuarto día por la tarde. Mi padre tuvo por un momento la idea de reunirme con algunas otras jóvenes, para poner en prueba el instinto maternal; pero no tardó en conocer que aquella prueba era peligrosa. Sin embargo nunca he dudado de que hubiese tenido buen éxito, porque estoy convencida de que una sola mirada mía, hubiera penetrado hasta lo íntimo del corazón de mi madre para descubrirle la verdad. Además, mi exterior no era quizás mejor que el de las otras; pero yo no me asemejaba a nadie, y hubiera sido delatada, sin duda, por un cierto aire terruño, si me atrevo a explicar así, que me distinguía de ellas.

Llegamos, pues, solos. Ella nos salió al encuentro. ¡Dios mío! ¡Qué hermosa me pareció! ¿Quién hubiera podido mirarla por primera vez sin conmoverse? ¿Quién podía tratarla sin dedicarle un culto? ¡Su porte majestuoso, sus facciones perfectas, su pelo y sus hermosos ojos negros, dibujándose con gracia sobre una tez de alabastro! El pecho, los brazos y las manos admirables; y, lo que es superior a todas estas perfecciones, la expresión tranquila y seductora de su fisonomía; aquella mezcla de arrogancia y de amabilidad, que daba testimonio a la vez de la elevación y de sensibilidad de su alma.

Me imagino todavía verla con aquel vestido azul subido, que hacía resaltar la blancura de sus brazos, y aquel ligero velo, cuyos dobleces pudiera contar, que cubría a medias las hermosas trenzas de su pelo. Al estrecharme contra su corazón, un suave estremecimiento agitaba todo su cuerpo. Yo le sentí, y mi felicidad fue tan grande, que casi estuve para desmayarme: mi cabeza se inclinó, y por primera vez me apoyé en el seno maternal. Mi hermano y mi hermana vinieron un momento después, y nos abrazamos con aquel gozo tan verdadero y tan natural de nuestra edad.

El resto de la noche y los días siguientes se dedicó mi madre a examinarme con toda minuciosidad; nada se escapaba a su penetración, y yo me abandonaba con candor y confianza a sus observaciones, esperando que la balanza se inclinaría más bien al lado de la indulgencia, que al de la severidad.

Cuando ella expresaba en alta voz y sin ningún embarazo, lo bien que pensaba de mí, me parecía que me revelaba un secreto, porque no había imaginado hasta entonces que yo valiese algo. Siempre he estado muy prevenida contra los elogios de los indiferentes, y ha sido preciso que hayan tenido mucho tacto en dirigírmelos, para que no haya sospechado de su sinceridad. Con todo eso, y aunque nunca he sido chasqueada, he aparentado serlo, por temor de mortificar a aquellos, cuya intención era más pura que su veracidad. Hubiera sentido mucho corresponder a la urbanidad con un signo de ingratitud. Pero un elogio de la boca de un amigo me ha causado siempre la más viva alegría, no por un movimiento de amor propio, sino porque veía que reconociendo en mí calidades buenas, me daba una prueba de su afecto, y que realzándome a sus propios ojos, y haciéndome más digna de ser amada, le justificaba y le honoraba en su elección.

Me preguntó mi madre si yo tenía voz. Le digo que sí, pero que no sabía si era hermosa, porque nunca había creído en las lisonjas, que recibía en el convento. Ella quiso cerciorarse: yo obedecí sin titubear, entonando con la confianza que da la ignorancia del peligro, una canción de mi país en un tono muy alto y que, sin embargo, canté con precisión. Mi madre gustaba mucho de la música, quedó encantada con mis disposiciones, y yo con el descubrimiento que ella acababa de hacer, contando sacarlas ventajas para hacerme grata a sus ojos.

No fue muy largo el examen de mi instrucción. Sabía leer, pero tenía muy mala letra, mi madre me dijo:

—Hija mía, tu educación está muy atrasada, y te verás en la necesidad de aplicarte mucho en poco tiempo; no te desanimes porque tu hermana y tu hermano estén más adelantados que tú; por el contrario, que eso te sirva de estímulo; por ejemplo, tu escribes bien mal, si tienes la menor repugnancia en empezar a aprender de nuevo desde los primeros elementos, no lo exijo; pero reflexiona cuán de poca importancia es esta leve contrariedad, comparada con la ventaja efectiva que sacarás de superarla.

Entendí lo que quería decirme, y desde el día siguiente comencé a formar renglones derechos. Se me dieron maestros de toda especie, y me entregué con tanto ardor al estudio que al cabo de seis meses ya había alcanzado y aun pasado a mis hermanos.

El cariño que tenía a mi madre no tardó en tomar un carácter apasionado, y los cupidos progresos de mi educación, los debí más bien al deseo de agradarla, que a la razón y al amor propio.

Mi alegría o mi tristeza dependía de una mirada suya, y su influjo ha sido de tal manera absoluto, que ha resistido a la edad, a la independencia, y por último, a la muerte. Aun en el día, su espíritu vela sobre mí, como una segunda conciencia, y conservo todavía la costumbre antes de tomar cualquiera resolución, de decirme ¿si viviera, cuál sería su opinión?

XXVIII

Algún tiempo después de mi llegada a Madrid, me hallaba un día junto a mi madre, cuando se nos anunció al caballero de Silva. Este era el nombre del hermano de mi amiga Sor santa Inés. Un cierto rubor se manifestó en mi rostro: mi madre lo notó, y me preguntó si yo le conocía. Le dije que no, pero que deseaba verle para entregarle una carta, que me habían recomendado para él. Entró un instante después, y me dio golpe la semejanza que tenía con su hermana. Me hizo muchas preguntas sobre su familia; pero cuando le dije que había conocido particularmente a su hermana, un interés más vivo animó sus facciones. Me fue difícil conocer que él ignoraba su situación, y los votos fatales que la habían forzado a pronunciar. No atreviéndome a explicar delante de mi madre, me apresuré a entregarle la carta, que se puso a leer inmediatamente. Un rayo le hubiera aterrado menos. Su fisonomía expresaba, ya la sorpresa y la indignación, ya la ternura y el dolor. La movilidad de sus facciones me traía a la memoria la imagen de su hermana. Observando mi madre su agitación, le dijo:

—Me temo, caballero, que usted haya recibido algunas malas noticias.

—Sí, señora, y es probable que me obliguen a partir seguidamente.

Se despidió de nosotras, pero antes, una mirada expresiva que fijó en mí, me reveló que mi nombre no se había olvidado en la carta de su hermana. Al día siguiente supe por mi madre, que se había despedido de ella por escrito, y que había marchado para ir a embarcarse en la Coruña.

Mi padre no tardó en dejarnos. Los asuntos de su empleo le obligaron a volverse a La Habana, dos meses después de nuestra llegada. Esta separación fue muy penosa para mí.

Yo quería ya a mi madre con una ternura indecible; pero el amor dispone a la confianza, y no la da desde un principio. Mi padre era mi amigo más antiguo de la casa, y mi corazón no tenía todavía otro refugio más que el suyo.

XXIX

El salón de mi madre era el centro de todo lo más distinguido de Madrid. Pocas mujeres; pero bien escogidas; les mostraba amistad y nunca hablaba mal de ellas: mas no tenía intimidad con ninguna; así fue siempre querida, y jamás tuvo queja de ellas. La reunión de hombres era más numerosa. Allí se veían los literatos más célebres de la época, y la mayor parte de los hombres que ocupaban entonces puestos elevados, y han hecho después los primeros papeles en el gobierno. Mi madre tenía mesa franca para sus amigos; así se proporcionaba el gusto de una tertulia numerosa, el hechizo de la confianza, y muchas veces en aquellas meriendas tan animadas, se han cogido las primicias de los más hermosos versos de Arriaza, de Quintana, de Maury, o de Melendez.

El plan de educación adoptado por mi madre para mi hermana y para mí era muy severo. Teníamos una vivienda muy distante de los salones de recibo: todo el tiempo le teníamos empleado en el día con nuestros estudios, y no veíamos a las personas que visitaban a mi madre, sino a la hora de comer. Una hora después volvíamos a nuestra vivienda y pasábamos la tarde ejercitada.

Mis hábitos de libertad se vieron sujetos a más de una prueba, luego que llegué a Europa. Me acuerdo que el primer pesar que tuve, fue cuando me puse corsé y zapatos, y cuando recibía los cumplidos sobre mi talle y mi pie, mi silencio y mis ojos llorosos, atestigaban el poco caso que hacía de aquellos, y la cruel mortificación que experimentaba.

Yo era el objeto de la atención general de la sociedad de mi madre, en los cortos instantes que me presentaba; pero al paso que yo solo excitaba en ella una excesiva curiosidad benévola, mis hermanos estaban en posesión de su afecto y de su confianza; ellos no veían en derredor suyo más que amigos, y yo desconocidos. Se entregaban con abandono a una dulce familiaridad, y yo, extranjera, indiferente a todo lo que me rodeaba, sentía por la primera vez la necesidad de concentrar mis afectos y mis pensamientos. No tardé en apercibirme de la preferencia con que mi madre miraba a mi hermana; esta preferencia era natural, pero me causaba mucho disgusto. Así, en poco tiempo, mi posición, mis ideas, mis sentimientos, todo se había cambiado, y trastornado desagradablemente; también mudó de mi vida interior. La sujeción hizo desaparecer la alegría. Me volví menos confiada y observé mucho más. Hallándose así comprimidas mis inclinaciones, y contrariados mis hábitos, creí sentir por primera vez el germen de los defectos, que son su consecuencia, y como estos no estaban en mi naturaleza, me llenaron de espanto y traté con el instinto del bien y con una especie de energía, de conocerlos, y luego después combatirlos. Me gustaba poner a prueba mis intenciones con el escrúpulo de una conciencia joven y timorata. Voy a escoger un ejemplo, que aunque minucioso, no carecerá de interés para las personas que encontraren en sí mismas alguna simpatía con un carácter tal como el mío. Amaba a mi hermana con ternura; pero la consideraba el objeto de las preferencias de mi madre, a quien idolatraba. Me vino a la idea que la pena que yo sentía en mi corazón con motivo de esta preferencia, podía degenerar en envidia. Este pensamiento me inquietó, y desde aquel día, aumenté mis extremos y atenciones con mi hermana. Ella era de muy buen carácter, teniendo al mismo tiempo la ventaja de una persona, que se considera en su puesto. Yo estaba fuera del mío, pero altiva, independiente y poco acostumbrada a hacer concesiones. Sin embargo, por rareza se turbaba la paz entre nosotras, y cuando esto sucedía, mi corazón era el primero en adelantarse a ella para garantirme en mi propio espíritu de la sospecha de ser guiada en nuestras pequeñas disputas, por un motivo extraño a la causa que las había suscitado. De este modo, los esfuerzos que yo hacía para evitar una pasión odiosa, que estaba tan lejos de mi corazón, me proporcionaba el hábito de combatir, y desarrollaba en mi alma aquel vigor que yo había de emplear más tarde en tratar de vencer unas pasiones impetuosas. Una noche (a fines de octubre) estaba el tiempo húmedo; había experimentado aquel día un leve disgusto, por causa de mi hermana, y la impresión de tristeza no se me había disipado todavía. A la hora de acostarnos, reparamos que no se habían puesto en nuestras camas los cobertores de invierno. Mi hermana se acuesta antes que yo, se queja del frío, alarga la mano, toma una capa que se hallaba a su lado y la tiende en su cama. Era mía aquella capa. Vuelvo la cabeza a tiempo que me estaba desnudando y le digo:

—Tú no tienes cuenta; yo tengo el mismo frío que tú, y podría necesitar mi capa. Y a lo menos deberías pedírmela antes de servirte de ella.

Entonces se incorporó en la cama, cogió la capa, la arrojó al suelo, volvió a poner la cabeza en la almohada y se rebujó en sus sábanas. La dejé obrar sin decirle nada. Su acción me chocó por lo pronto, pero en lugar de meditar sobre ella, fui a sondear mi propio corazón. ¿Cuando le pedí la capa, me había guiado la necesidad que tenía de ella, o un resto de amargura causado por el disgusto del día? Esto podía ser muy bien, y en la duda, un sentimiento íntimo me dictó el único medio de pasar mi intención por el crisol, y de purificar, por decirlo así, a mi corazón con una acción de humildad tanto más meritoria, cuanto a que era menos conforme a la altivez natural de mi carácter. Mi criada se retiró: me acosté después de haber apagado la luz. Mi hermana aparentaba dormir, recojo la capa, que aun estaba en el suelo y acercándome sin hacer ruido a su cama, se la tiendo con cuidado sobre los pies. Al momento de ejecutar esta acción experimenté una sensación inexplicable de bienestar. Volví a mi cama, y hallé que el sueño era muy dulce cuando le acompaña la satisfacción de sí misma.

XXX

Mi pasión al estudio se aumentaba a medida que yo vencía los primeros grados. Con particularidad tenía un gusto muy decidido por la música y por la lectura. Estaba tan felizmente organizada para la primera, que al aprenderla me parecía, que la estaba recordando.

Tenía mi madre una excelente librería, donde se veían mezcladas las obras más serias con una multitud de novelas. Nosotras teníamos arreglado un curso de lecturas de historia y de literatura, y se nos permitió leer un gran número de novelas, tales como las de Richardson, Madama de Genlis, madama Staël, &c. &c.

Durante algún tiempo me vi indecisa entre mi entusiasmo por los griegos y los romanos, y el vivo interés que me inspiraban Delfina, Corina, Malek-Adel; mas no tardé en conocer que los héroes de la antigüedad, comenzaban a ceder el paso a los modernos. La llave de la biblioteca estaba a nuestra disposición; podíamos entrar francamente en ella, y me acuerdo con cierto placer, de que a pesar de mi viva curiosidad, no me sucedió nunca que infringiese las órdenes de mi madre, arrojando una mirada indiscreta sobre las obras que se me habían prohibido leer. Muchas veces, cuando abría la puerta sentía el gusto que hubiera experimentado un escolar al acercarse a un armario bien provisto de golosinas; pero al instante que ponía el pie dentro, me sobrecogía un religioso respeto. Me dirigía con paso ligero hacia los estantes donde debía encontrar los libros que buscaba, sin atreverme a volver la vista hacia las obras que codiciaba; y si por acaso, mi mano indiscreta los tocaba, un terror involuntario me la hacía retirar con tanta precipitación, como si hubiese caído sobre una braza ardiendo. ¡Dulce pureza de la inocencia! ¿Quién puede representarse tus secretas inspiraciones, sin sentir un encanto indestructible? Este recuerdo consolador sobrevive solo a tu pérdida. Este es el único bien que tú nos dejas, pero nada te podría reemplazar. El camino que tú nos trazas, es como un declive suave y liso; pero cuando ya al frente de las pasiones y de la experiencia del mundo, tímida y débil te huyes para ceder el puesto a la inflexible virtud, todo es penas, todo es amargura, y el triunfo es con frecuencia tan doloroso como la derrota.

Sobre todo Rousseau y sus escritos me trastornaban la cabeza. Los elogios y aun las críticas que había oído de ellos excitaban mis deseos de conocer sus obras, y cuando pensaba en la época de mi matrimonio, uno de los mayores placeres que me presentaba esta, era la posibilidad de leer la *Nueva Eloísa* o las *Confesiones*.

Comencé, por tanto, percibirme de que la lectura de las novelas, aunque escogidas, me agitaba, me preocupaba, y me disgustaba de la historia. Tomé la resolución animosa de privarme por algún tiempo de ella, y solo se lo comuniqué a mi hermana. Ella no perdonó las chanzas y burlas, pero yo me mantuve firme. Los primeros ensayos fueron penosos, porque ella se divertía por malicia en excitar mi curiosidad cuando leía alguna cosa nueva; mas, a muy poco tiempo, sus seducciones no tuvieron efecto en mí, y todo mi interés se transportó al forum Romano, y bajo los pórticos de Atenas. Aquellos grandes caracteres, aquellas virtudes varoniles, provocaban mi entusiasmo, y me causaban un pesar de no ser hombre para tener, a lo menos, el poder de imitar tan grandes ejemplos.

Aquel color bien expresado, aquellos amplios lineamientos que caracterizan a los hombres de la antigüedad, simpatizaban con el ardor de mi imaginación, y con aquel gusto de lo bello y de lo grande, que las miserias de la vida no han podido debilitar todavía.

XXXI

Esperaba el invierno con impaciencia. La idea que me había formado de él, sacada de las novelas, era un poco fantástica. Habituada al espectáculo de una vegetación siempre nueva y hermosa, deseaba contemplar la naturaleza despojada, como hubiera querido asistir a una tragedia representada por primera vez. Este momento tan apetecido llegó, y su impresión fue más viva en razón de la circunstancia que la acompañó. El cambio de clima, el nuevo género de vida y los pequeños pesares que había experimentado desde mi llegada a Europa, alteraron mi salud y me causaron una especie de desazón interior y abatimiento. Yo no padecía ninguna enfermedad; pero me hallaba consumida por la melancolía. Mis ojos tan vivos antes, se fijaban con languidez sobre los objetos que me rodeaban y no se apartaban de ellos, sino con dificultad. Mi palidez era extrema; ya no me reía, y lloraba con frecuencia. Mis más dulces sensaciones se hallaban mezcladas con una especie de amargura. Había renunciado al paseo, y llegó el caso de pasarme algunas semanas sin salir de mi cuarto. La vida me era indiferente, y a veces importuna.

Este estado de decaimiento asustó a mi madre. El médico ordenó el aire del campo, y a pesar de lo adelantado de la estación (era a fines de noviembre) se me condujo a la Moncloa, paraje delicioso a una legua de Madrid. Iba acompañada de una mujer de confianza. Llegamos por la tarde. Durante la noche cayó la nieve a grandes copos. No podría pintar la impresión de tristeza que experimenté, cuando al abrir mis persianas por la mañana, eché una mirada sobre el campo. El espectáculo que se presentaba a mis ojos contristó a mi alma y derramó sobre ella una especie de terror. No vi ni hojas, ni frutos; hasta el césped había desaparecido. Troncos y ramas denegridas, esparcidos acá y allá como los destrozos de un naufragio, ofrecían una imagen completa de la destrucción, y la naturaleza me pareció amortajada con un vasto paño fúnebre. Hallándose en armonía el estado de mi corazón con aquel cuadro, provocó en mi tal melancolía, que involuntariamente me cubrí los ojos con ambas manos. El recuerdo de mi país se presentó al punto en mi memoria, e ínterin mis lágrimas corrían en abundancia, me sentí transportada por mi imaginación a aquellas florestas vírgenes plantadas con árboles de todos colores; oía el canto de una multitud de pájaros, la suavidad del aire, la belleza del cielo, los rayos brillantes del Sol; todo aparecía a mis ojos, gozaba de todo, y aquel transporte, lleno de encanto, fue tan completo por algunos instantes, que solo me quedó para atestiguar la verdad, la señal de las lágrimas que acababa de derramar. Esta dolorosa impresión no se ha renovado más; el espectáculo de la naturaleza en invierno, me agrada ahora, por una sensación melancólica que no carece de alguna dulzura. Empero como mis primeras ideas sobre el invierno fueron tomadas de las novelas, siempre me sorprende cada año de un modo nuevo e interesante.

Permanecí tres semanas en la Moncloa; y debí en parte el restablecimiento de mi salud a los cuidados de mi hermano, que demostraban ya, aunque tan joven, aquella disposición tierna y decidida al bien, que forma la base de su carácter. Regresé a Madrid y volví a tomar mis ocupaciones acostumbradas. Desde esa época se nos permitió quedarnos algunos ratos de la noche en la sala de recibo; y muchas veces mi madre nos retenía hasta la hora de cenar. Entonces fue cuando mi gusto a la observación, halló ocasiones de ejercitarse, y no acabaría si quisiese describir todos los originales que pasaron sucesivamente por mi vista, como las figuras de una linterna mágica. Empecé a descubrir las extravagancias y las debilidades de los hombres, en una edad en que apenas se empieza a vivir; y por un contraste inexplicable, he sido siempre tan fácil de engañar como un niño. Dejo a los moralistas el cuidado de adivinar este enigma.

XXXII

Creo haber dicho ya, que había hecho grandes progresos en
mi educación, y muchas veces, mi madre para estimularnos,
sometía nuestros ensayos al examen de sus amigos. Se conocía su pasión por mi hermana, y era muy gracioso observar
el manejo que se empleaba, cuando era necesario pagar un
tributo a la justicia, y elogiarme, o tal vez preferirme a mi
hermana. Pepita, buena entendida, era la primera que se reía
de esto; y varias veces de común acuerdo, hemos puesto en
confusión a los aduladores. Podría citar muchos casos; pero
presentaré uno que fue muy chistoso para que se me olvidase.
Antes de referirle, quiero pintarte al principal actor; original
cuya copia no es difícil hallar en la sociedad. El marqués de
V..., amigo de todo el mundo, sabía valerse de mil arbitrios
para introducirse en la intimidad de las mujeres, pero con la
sola intención de hacer creer que poseía su confianza. Era
muy solícito en hacer los más pequeños servicios, para apa-
rentar que era muy necesario en todas partes... Alabándose
por su discreción, daba en prueba de ello, los secretos que
se le habían confiado, y sin pensarlo, le hacía a usted depo-
sitario de todos ellos. Tenía el mayor empeño en hacer creer
que iba a todas partes; y en este particular, el marqués no
se perdonaba ni a sí mismo; era preciso persuadirse que él
subía y bajaba sin descanso todos los grados de la escala social. Muchas veces no se presentaba en las tertulias más brillantes, para dar que pensar sobre su ausencia. En lo demás
juzgaba con exactitud las cosas comunes de la vida. Aun se
le notaba cierta finura de tacto cuando raciocinaba acerca de
los ridículos y de los defectos de otros; pero cuando quería
elevar su juicio a las distinciones eminentes del corazón y del
entendimiento, se le podía comparar a un espectador en el
teatro, que queriendo servirse de su anteojo, le tomase al re-

vés, y en lugar de ver los objetos más grandes y más distintos, los percibiese como pigmeos; y es que V reducía siempre los objetos a su propia medida. Su amistad con todo el mundo, no le impedía hablar mal de los demás, pero sin intención de perjudicarles, y solamente por proporcionarse aquella secreta satisfacción, que experimentan las personas mediocres en ponerlos a todos a su nivel. Manejaba la maledicencia como la palanca de un columpio; pues conocía que él no se podía elevar, sino bajando a los demás; ya con tal que sus observaciones fuesen acompañadas de:

—Yo soy su amigo, y le he aconsejado ya sobre ese asunto. O:

—Por lo demás tiene buenas cualidades, y le soy muy adicto.

Se quedaba convencido de su indulgencia y de su mérito. La eficacia de sus atenciones y de su urbanidad, era el verdadero barómetro de la moda, y una mujer podía lisonjearse de poseer su imperio, ínterin que V... la atormentase en público con sus obsequios. La adulación era su más poderosa ayuda. Nadie sabía emplear con tanta habilidad aquellas alabanzas que tienen la apariencia de introducirse a pesar de la voluntad, o aquellos elogios en voz alta cuando se juzga no estar presente la persona que es objeto de ellos.

Se puede imaginar fácilmente que el marqués V... no tardó en comprender el inconveniente que había en darme la preferencia sobre mi hermana. Mi madre y su casa eran de moda; era preciso conservar la buena amistad de la una y libre entrada en la otra.

Una noche era muy numerosa la reunión. Se acababan de formar las partidas de juego. El tresillo y los dados tocaron a los jugadores serios. El bullicioso chaquete se había enviado a la pieza inmediata, según costumbre. Diversos grupos acá y allá, se entretenían alternativamente de política, de literatura, o de aquellas bagatelas que ponen muchas veces en el mismo nivel a un hombre de talento y a un tonto. Mi hermana y yo estábamos colocadas junto a una mesa ocupadas con algunas amigas en hacer varios juegos de paciencia, en mirar caricaturas y aun tal vez en hacerlas. Todo era movimiento y placer en derredor nuestro. La alegría, los chistes que salían de nuestra mesa, atraían como un imán a unos, y a otros para donde estábamos. Repentinamente se anunció la llegada de Goya, y salió una exclamación de nuestra mesa. Aquel pintor ingenioso, añadía a su raro talento, la gracia de hacer excelentes caricaturas; y nuestra mesa era comúnmente el teatro donde se ejercitaba su malignidad. Mi madre se aprovechaba de sus visitas para enseñarle nuestros trabajos, y aquel día le esperábamos con impaciencia para mostrarle dos dibujos que habíamos concluido; el uno era una cabeza de Santa Teresa, y el otro una Magdalena. A una de nuestras amigas le ocurrió confundirlos para que los juzgase con imparcialidad; aplaudimos esta idea, y pasados los primeros cumplimientos, se expusieron nuestras obras sobre la mesa. Advertido Goya secretamente por nuestra amiga Nieves, los examinó y dejó acercar los curiosos. V... que se preciaba de inteligente, fue uno de los primeros.

—Señoritas —nos dijo después de haber guiñado un ojo, y de alejar y aproximar alternativamente los dibujos—; suplico a ustedes me perdonen la franqueza de mis observaciones, porque en tratándose de las bellas artes, soy delicado.

Y luego, como enmendando lo dicho:

—¡Verdaderamente esta Magdalena tiene mucha expresión! ¡Su dibujo gran pureza!

Y alzando un poco la voz. «En cuanto a la Santa Teresa, le falta un poco de alma; y tal cual está —añadió con una risita maligna—, no concibo cómo se haya quejado del diablo por no haber amado... En lo demás, muy bien, muy bien!» Entonces mi madre, que jugaba su partida de tresillo a alguna distancia, y que solo había oído las últimas palabras, volvió la cabeza.

—Pepita —dijo—, tráeme tu Santa Teresa, no la he visto acabada.

Y V... quedarse turbado, y nosotras a reírnos; particularmente Nieves, que por malicia había sido causa del error.

XXXIII

Por esa misma época un accidente imprevisto vino también a desenvolver en mí aquel carácter, que no siente impulsión, que no encuentra felicidad y que no descubre otro fin en este mundo, sino en un consagramiento absoluto y sin límites a los que ama. ¡Todavía se dilata mi corazón, y me palpita de gozo con el recuerdo de ese momento; es al mismo tiempo terror y alegría...! ¿Por último, querida Leonor, qué te diré? Salvé la vida de mi madre. ¡Qué palabras tan hermosas! ¡Cuánta felicidad en tan pocas palabras!... Pues bien, amiga mía, no tuve necesidad para esta acción, ni de sacrificio, ni del sentimiento de mis deberes, ni de virtud, en fin. No debo agradecerla más que a la ocasión, al instinto, y sobre todo al amor que le tenía.

Hacía algunos días que mi madre estaba indispuesta; pero no guardaba cama. Una tarde me hallaba sola con ella; iba anocheciendo, y no teníamos más claridad que la del fuego de la chimenea que despedía chispas. Mi madre, paciente, abatida, y tal vez sometida, sin pensarlo, a la influencia melancólica de la caída del día, estaba de pie cerca de la chimenea, con los codos apoyados sobre el mármol y la cabeza entre sus manos. Yo salí un instante, un solo instante, para pedir luces. Júzguese cuál sería mi sorpresa, mi espanto, cuando al volver a entrar en el cuarto, le encuentro todo iluminado; pero iluminado con los vestidos de mi madre, que estaban inflamados. ¡Veo aun su hermoso rostro, pálido, perdido; sus cabellos desordenados; oigo su voz trémula, pidiendo socorro! Para mí, era una cosa desconocida aquellos terribles accidentes causados por el fuego: nunca se me había explicado el modo de atajar sus progresos; pero, guiada por una inspiración casi divina, me arrojo súbitamente sobre mi madre, me estrecho con su cuerpo, me enlazo con ella fuertemente, y apretándola y envolviéndola por todas partes, logro apagar el fuego... ¡Dios de bondad! ¿qué había hecho yo para merecer una dicha semejante? Mi madre recibió algunas quemaduras, lo mismo que yo. Nunca se vio un soldado más ufano con sus heridas, que yo con aquellas señales de amor. Desde aquel día, un nuevo lazo me unió a mi madre. El peligro a que la había visto expuesta, la hizo más preciosa a mi corazón, porque me asaltó por primera vez la idea de perderla... Contemplándola con los ojos arrasados en llanto, experimentaba un sentimiento íntimo y profundo, que no puedo pintar; una mezcla de ternura y de lástima, cuyo poder es indecible... No podía decir que era afecto en la felicidad, era otra cosa mejor todavía, porque ella había padecido, y yo había padecido por ella.

XXXIV

Pasó el invierno de esta manera, sin que me ocurriese nada notable; pero a los principios de abril una nueva circunstancia produjo un trastorno grande en mis sentimientos y en mis ideas.

El enviado de los Estados Unidos míster J... y su esposa, estaban íntimamente ligados con mi madre, que hallaba muy picante su franqueza republicana. Esta formaba, efectivamente, un contraste extraño con la gravedad y ceño de la corte de Madrid.

La señora J... vino un día a nuestra casa, y al poco rato de estar allí, me hizo llamar mi madre:

—Aquí tienes, hija —me dijo—, un paquete que llega de la Florida dirigido a ti. La señora J... desea entregártelo en tu mano.

—¿De la Florida? Si yo no conozco allí a nadie —respondí, poniéndome encarnada, de sorpresa y curiosidad.

—Vea usted una carta, que viene con el paquete —dijo la señora J...— que podrá aclararle a usted este misterio.

Alentada con una mirada de mi madre, tomé la carta y leí lo siguiente: «Una circunstancia desgraciada nos presentó la ocasión, hace algunos meses, de recoger en nuestra casa a la interesante joven, que nos ha confiado estos papeles. Sus infortunios, su hermosura, y la dulzura de su carácter, nos la hicieron amar; y nuestros pesares así como otros cuidados la han acompañado hasta el sepulcro. Mirando su última voluntad como un deber sagrado, que debemos cumplir, nos apresuramos a enviar este paquete a la persona a quien va dirigido».

Un sentimiento profundo de conmiseración se apoderó de mi alma, al leer aquella carta, y guiada por un secreto presentimiento exclamé involuntariamente.

¡Pobre madre Santa Inés! y sentí que mis ojos se inundaban de lágrimas. Efectivamente examinando mejor el paquete, conocí que la letra del sobre era suya. Mi madre guardaba silencio y parecía esperar alguna explicación de mi parte.

—¡Oh! ¡mamá! —le dije—, ¡si usted supiera! ¡ella se ha muerto; sí, no podía vivir, era tan desdichada!

—¿Pero quién?

—La madre Santa Inés, la hermana de Silva; se lo explicaré a usted todo.

—Bien, serénate. Puedes leer esos papeles y después hablaremos de esto.

Volví a mi cuarto entregada a una agitación muy viva; rompí el sello y empecé a leer aquel precioso manuscrito, cuyo recuerdo no debía borrarse, de mi alma en todo el resto de mi vida.

Fin

Libros a la carta

A la carta es un servicio especializado para
empresas,
librerías,
bibliotecas,
editoriales
y centros de enseñanza;
y permite confeccionar libros que, por su formato y concepción, sirven a los propósitos más específicos de estas instituciones.

Las empresas nos encargan ediciones personalizadas para marketing editorial o para regalos institucionales. Y los interesados solicitan, a título personal, ediciones antiguas, o no disponibles en el mercado; y las acompañan con notas y comentarios críticos.

Las ediciones tienen como apoyo un libro de estilo con todo tipo de referencias sobre los criterios de tratamiento tipográfico aplicados a nuestros libros que puede ser consultado en Linkgua-ediciones.com.

Linkgua edita por encargo diferentes versiones de una misma obra con distintos tratamientos ortotipográficos (actualizaciones de carácter divulgativo de un clásico, o versiones estrictamente fieles a la edición original de referencia).

Este servicio de ediciones a la carta le permitirá, si usted se dedica a la enseñanza, tener una forma de hacer pública su interpretación de un texto y, sobre una versión digitalizada «base», usted podrá introducir interpretaciones del texto fuente. Es un tópico que los profesores denuncien en clase los desmanes de una edición, o vayan comentando errores de interpretación de un texto y esta es una solución útil a esa necesidad del mundo académico.

Asimismo publicamos de manera sistemática, en un mismo catálogo, tesis doctorales y actas de congresos académicos, que son distribuidas a través de nuestra Web.

El servicio de «libros a la carta» funciona de dos formas.

1. Tenemos un fondo de libros digitalizados que usted puede personalizar en tiradas de al menos cinco ejemplares. Estas personalizaciones pueden ser de todo tipo: añadir notas de clase para uso de un grupo de estudiantes, introducir logos corporativos para uso con fines de marketing empresarial, etc. etc.

2. Buscamos libros descatalogados de otras editoriales y los reeditamos en tiradas cortas a petición de un cliente.